KB261319

1525년 1월 21일

그 날에 심겨진

아나뱁티스트 신앙의 씨앗을 기억하며…

- 2020년 1월 21일

아나뱁티스트 신앙의 씨앗으로부터

아나뱁티스트의 정체성에 관한 역사적 핵심

아놀드 스나이더 지음

김복기 번역

아나뱁티스트 신앙의 씨앗으로부터

지은이	아놀드 스나이더
옮긴이	김복기
초판발행	2020년 1월 21일
펴낸이	배용하
책임편집	배용하
등록	제364-2008-000013호
펴낸곳	도서출판 대장간
	www.daejanggan.org
등록한곳	충남 논산시 매죽헌로 1176번길 8-54
편집부	전화 (041) 742-1424
영업부	전화 (041) 742-1424 전송 0303-0959-1424
분류	신앙	아나뱁티스트	실천
ISBN	978-89-7071-505-6 (03230)
CIP제어번호	CIP2019053511

값 8,000원

차례

오늘날 약 이백만2018년 기준 212만 명이 넘는 그리스도인이 '아나뱁티스트Anabaptist/재세례신앙의 씨앗으로부터' 직접 혹은 간접적으로 생겨났다. 이 그리스도인들은 어떤 사람들인가? 그들은 무엇을 믿으며 어떻게 믿음을 실천하는가? 실제로 그들이 공통으로 붙들고 있는 것은 무엇인가? 동일한 신앙고백을 하는 믿음의 한 가족에 속한 우리 대부분은 "그것 참 좋은 질문이군!" 하고 이야기할 것이다. 그러나 우리는 그 대답이 무엇인지 전적으로 확신하지 못한다.

우리의 정체성에 대해 현재 널리 퍼져 있는 이러한 질문들은 아나뱁티스트 운동Anabaptism의 입장이 약해졌거나 쇠퇴했기 때문이 아니다. 오히려 이보다도 훨씬 전에, 이 질문은 아나뱁티스트 운동과 관련된 믿음의 가족들이 존재하며, 또 이들이 60여 개 국과 수백 개의 사회문화적 배경하에 국제적으로 성장하고 있는 데에 기인하고 있다. 현재 진정한 복음의 성육화를 이루기 위해 노력하며, 초기 아나뱁티스트 관련

정체성에서 비롯된 독특한 은사들을 사용하는 수많은 교회들이 지역적으로 국가적으로 활발히 활동하고 있다.

그렇다면 '아나뱁티스트'의 정체성은 무엇인가? 1997년 1월 아시아에서 열린 메노나이트 세계교회협의회Mennonite World Conference의 '믿음과 생활' 분과는 지체肢體된 교회들을 위해 아나뱁티스트들로서 서로의 삶에 대한 의견을 주고받기 시작했다. 단지 수많은 지역적 배경에서 오는 차이뿐만 아니라 믿음 안에서 온 인류가 하나라는 관점에서 볼 때, 오늘날 변화하는 세계에서 아나뱁티스트Anabaptists로서 믿으며 행동한다는 것은 무슨 의미가 있는가? 메노나이트 세계교회협의회의 회원들은 다음 회의남아메리카 2000년 7월 그리고 아프리카 2003년에서도 계속해서 이 문제에 대해 서로 이야기해 나갈 것이다.

물론 금세기 정체성에 관해 필요한 대화의 한 가지 조건은 공통의 역사적 관점이 무엇인가를 참고하는 것이다. 그래서 메노나이트 세계교회협의회는 국제적으로 잘 알려져 있고 다른 문화에 대한 이해와 경험이 풍부한 아나뱁티스트 역사 신학자인 아놀드 스나이더Arnold Snyder 교수에게 도움을 요청했다. "여러 아나뱁티스트와 관련된 정체성에 대한 '역사적 핵심'을 집어낸다는 것이 가능하겠습니까?" "처음부터 눈에 띄게 다른 다양성을 가진 아나뱁티스트들에게서 그들의 신념과 실행에 관한 '공통분모'가 되는 정체성에 대해 말한다는 것이 가능하겠습니까?" 하는 질문에 스나이더 교수는 "그렇다고 생각합니다. 내가 할 수 있는 최선을 다해 간단하고 명료하게 요약해보겠습니다." 라고 대답했다.

이 소책자가 그 고맙고도 반가운 결실이다. 이 글이 처음 메노나이트 세계교회협의회의 계간지 『특사 *Courier/Correo*』에 실렸을 때, 스나이더 교수의 가르침에 대한 반응은 그 내용의 중요성, 시의 적절함, 그리고 유익성 등으로서 확인되었다.

이 소책자를 쓴 목적은 금세기 아나뱁티스트와 관련된 교회들의 신앙과 삶에 대한 표준을 마련한다거나 혹은 일종의 성명서로 채택하기 위함이 결코 아니다. 이 책자는 아나뱁티스트에 대한 인식을 지역적으로나 세계적으로 좀 더 적절하게 갖도록 하는 과정 중의 하나로서 준비된 것이다. 따라서 아나뱁티스트 운동이란 무엇인가 하는 정체성에 대해 간단명료하고 신뢰할 만한 자료를 찾고자 하는 모든 사람들에게 없어서는 안 될 아주 귀중한 자료가 될 것이다.

프랑스 스트라스부르(Strasbourg)에서

메노나이트 세계교회협의회 의장 래리 밀러(Larry Miller)

역자 서문

비록 길지 않은 경험이지만, 내 인생에서 "교회란 무엇인가?" 하는 것은 참으로 중요한 질문이었다. 소속된 교회에서 참된 교제의 나눔을 보며 흐뭇해하기도 했으며, 사람의 생각에 교회의 모습이 가려질 때는 참으로 안타까워하기도 했었다. 청년의 시기는 이런 경험이 반복된 나날들로 채워졌다. 때로는 새벽을 깨우며 교회의 문지방을 넘나들기도 했고, 세상에서 허우적대며 방황을 하기도 했다. 아마도 이러한 나날들을 보내면서, 성경이 말하는 교회에 대한 목마름이 생겨났던 것 같다. 그러던 중, 성령의 인도하심을 통해 만나게 된 사람들이 춘천의 '성경적 교회 회복을 위한 모임'이었다. 이 모임을 계기로, 아나뱁티스트 운동에 관해 들을 수 있는 기회를 얻었고, 또 실제적으로 경험을 할 수 있게 되었다.

1995년 캐나다로 이주한 이래, 메노나이트 교회를 다니면서 참으로 많은 것을 배우게 되었다. 그리고 계속적인 하나님의 은혜로 조금은

늦은 나이지만 캐나다 메노나이트 신학대학교Canadian Mennonite Bible College와 메노나이트 신학대학원Associated Mennonite Biblical Seminary에서 공부를 할 수 있는 기회도 얻게 되었다. 많은 책들과 강의를 통해 아나뱁티스트 운동의 기원, 참된 믿음, 믿음에 대한 용기와 실천, 신앙고백, 참된 교회, 제자도, 아나뱁티스트들의 영성 등, 그리스도인의 삶에 대한 많은 도전을 받게 되었다. 그러던 중, 아놀드 스나이더 교수님의 연구실과 직접 경영하시는 출판사를 방문할 기회를 갖게 되었는데, 그때 저자에게서 『아나뱁티스트 신앙의 씨앗으로부터*From Anabaptist Seed*』라는 책을 직접 건네받게 되었다.

지금 한국에는 많은 사람들이 아나뱁티스트 운동에 대한 호기심을 보이고 있다. 용어조차 생소한 사람들에게 약 오백 년 동안 이어 내려온 이들의 신앙 유산을 간명하게 설명하기란 여간 어려운 일이 아니다. 그런 의미에서 이 책은 아나뱁티스트의 역사적 교훈과 실천 내용들이 무엇인지 알기 원하는 사람들에게 아주 좋은 입문서가 될 수 있을 것이라 생각한다. 책의 분량으로 따지자면 아주 작은 소책자이지만, 『아나뱁티스트 신앙의 씨앗으로부터』는 어느 책 못지않게 내용의 깊이가 있는 책이다. 이는 16세기 아나뱁티스트 운동의 지도자들의 기록들을 이곳저곳 적절히 인용함으로써, 신앙에서 가장 중요한 것들을 명확하게 설명하고 있기 때문이다. 또한 이 책은 아나뱁티스트 운동의 내용을 아주 분명하게 기술하고 있다. 대개 약점은 숨기고 강점은 부각시키고자 하는 것이 자신의 그룹을 소개고자 하는 저자들의 속성일진대, 이 책은 아나뱁티스트 운동의 문제점과 실수들을 숨김없이 드러내고 있다. 또한 이 책은 매우 실제적이고 실용적이다. 아나뱁티스트 운동의 역사와 가르침을 간명하게 요약하여 오늘날에 접목시켰을 뿐 아니라, 독자들로 하여금 현재의 맥락 속에서 명확한 자리 매김을 하도록 많은 도전을 주고 있다.

이 책을 통해서 16세기에 일어났던 과거의 신앙 유산이 현재로 걸어 나와 숨 쉬며, 우리의 믿음을 형성하게 되기를 바라는 마음이다. 번역을 하면서 혹여 저자의 전달하고자 하는 내용의 깊이와 명확성, 그리고 실제적 영향을 올바로 전달하지 못하면 어쩌나 하는 염려도 있었지만, 영어에 있는 표현인 'better than nothing 아무것도 안하는 것 보다는 낫다' 이란 속담의 힘을 의지하며 작은 첫발을 디뎌본다.

미국 인디아나주에서

주 안에서 발견된 김복기 형제

From Anabaptist Seed

서론

모든 농부들은 식물이 좋은 열매를 맺기 위해 꼭 필요한 세 가지가 무엇인지 잘 알고 있다. 그것은 좋은 씨앗, 좋은 토양, 그리고 신중한 재배법이다. 농부들에게 씨앗의 선택은 무엇보다도 중요하다. 망고 씨를 심어놓고 오렌지를 수확하기를 원한다면 말할 것도 없이 그 사람은 크게 실망할 것이다. 비료를 얼마나 많이 주었는가 하는 것이 씨앗 안에 내재되어 있는 씨앗의 본질을 바꿀 수 없다. 그러나 올바른 씨앗을 선택해 심었다고 해서 그것만으로 충분한 것은 아니다. 그 씨앗은 비옥한 땅에 심겨야만 한다. 그렇지 않으면 그 식물은 곧 말라죽기 때문이다. 이와 더불어 농부가 열매를 수확하려면 이 어린 식물을 위한 충분한 영양과 함께 충분한 보살핌이 있어야만 한다.

우리 교회를 이러한 식물이라고 생각해 보자. 우리 교회의 전통은 16세기에 그 첫 빛을 보았다. 그것은 아나뱁티스트라는 씨앗에서 생겨났다. 비옥한 토양에서 발견된 그 처음 씨앗은 잘 재배되었고, 충분한 영양분이 주어져서 풍성한 수확을 보게 되었다. 그 수확된 씨앗들은 오백 년이 지난 지금 세계 도처의 이곳저곳에 이식移植되었다. 비록 재배

법과 다양한 기후의 변화가 나름대로 중요한 요소가 되어 그 식물을 변화시키고 있지만, 그 씨앗의 기본 품질은 그 식물 자체 안에 여전히 잘 드러나고 있다.

이 소책자는 바로 이 아나뱁티스트라는 씨앗의 본질에 대한 설명이다. 아나뱁티스트들은 어떤 사람들이었는가? 그들이 공통적으로 믿었던 신앙은 무엇이었는가? 훌륭한 농부와도 같이 만약 우리가 심은 씨앗의 본질을 잘 알면 알수록 우리는 토양과, 재배 방법, 그리고 우리의 장소와 시간 속에서 풍성한 열매를 맺게 하기 위한 전지剪枝, 전정剪定 방법까지도 더 잘 알 수 있게 될 것이다.

아나뱁티스트들은 어떤 사람들이었는가?

아나뱁티스트들은 종교개혁이 일어났던 1520년대, 유럽에서 널리 유포되고 있던 개혁사상에 고무된 사람들이었다. 소수의 초기 아나뱁티스트들은 교육을 받은 사람들이었으나, 아나뱁티스트 운동은 무엇보다도 평범한 사람들에 의한 개혁이었다. 그들은 '아나뱁티스트' 혹은 '아나뱁티스트들re-baptizers' 이라 불렸는데, 이는 그들이 물세례는 오직 성인成人들에게만 베풀어져야 함을 강력하게 주장했기 때문이었다. 이러한 신념은 비록 그들이 일찍이 유아 세례를 받았는데도 불구하고 서로에게 성인 세례를 베풀게 되는 계기가 되었다.

최초의 성인 세례adult baptism는 1525년 1월 21일 스위스 취리히 Zurich에서 베풀어졌다. 유아 세례를 거부하고 성인 세례를 받는 것이 정치적으로 권력을 잡은 자들에 의해 불법으로 선포됐는데도 불구하고 세례를 받는 사람들은 계속해서 증가했고, 비밀리에 실천되었던 그들의 신앙은 급속히 퍼져나갔다. 불과 몇 년이 되지 않은 짧은 기간 동안 네덜란드로부터 폴란드, 슬로바키아에 이르는 전 유럽에 아나뱁티스트들의 모임이 생겨나게 되었다. 그들은 서로를 '그리스도 안에서 형제자매들'이라고 불렀다.

이 연구의 본질

'아래로부터' 시작된 모든 운동처럼, 이 아나뱁티스트 운동bap-tizing movement은 새로운 신념을 실천하는 개개인들에게서 시작되었다. 아나뱁티스트 운동에 동참하는 사람들은 매우 다양했는데도 불구하고, 거기에는 아나뱁티스트의 가르침과 실천의 '핵심'이 되는 내용 또한 존재했다. 이들의 가르침과 실천의 모습은 아직도 잘 보존되어 있는 수많은 글들과 의사록으로 정리되었던 법정 증언들에 의해 잘 드러나 있다. 이러한 것들이 이 책에서 우리가 설명하고자 하는 가르침과 실천의 '핵심' 내용이 될 것이다.

아나뱁티스트의 본질에 관한 본 연구는 다음의 세 부분으로 이루어질 것이다.

1. **아나뱁티스트의 가르침**: 대부분의 아나뱁티스트들이 그들의 믿음의 중심으로 생각하는 그리스도교의 가르침이 무엇인지에 대해 살펴본다.

2. **아나뱁티스트의 교회 예식**: 신실한 교회를 유지하기 위해 아나뱁티스트들이 믿고 있는 교회의 본질적인 실천 예식이 무엇인가를 살펴본다.

3. **아나뱁티스트의 제자도**: 아나뱁티스트들이 교회의 구성원들에게 기대하는 그리스도인들의 삶이란 어떠한 것인가를 살펴본다.

이러한 것들에 대해 좀 더 폭넓은 연구가 가능하겠지만, 이 소책자에 있는 자료들은 메노나이트 세계교회협의회가 요구하는 형태에 의해 구성되었다. 따라서 이 책은 아나뱁티스트에 근거한 믿음과 실천에 관한 꼭 필요한 내용들로서 세계 도처에서 이루어지는 토론의 기본 틀을 마련하기 위한 목적으로 집필되었다. 이 책은 1998년 메노나이트 세계교회협의회의 정기 간행물인「특사 Courier/Correo」에 영어와 스페인어로 세 차례 연재되었으며, 이어 1999년「캐나다 메노나이트Canadian Mennonite」에 또한 연재되었다. 이러한 간행물들에 나타나 있는 자료들은 사실상 같은 자료들임을 밝혀둔다.

이 소책자에서는 연구, 고찰, 그리고 뚜렷한 이해를 돕고자 하는 원래의 의도를 존중하기 위해, 각 장의 끝에 토론을 위한 질문을 첨부하였다. 그리고 소그룹 모임의 교재로 이 책을 사용하기 원하는 사람들을 위해 본문을 열두 장으로 나누고 본문 내용에 상응하는 적절한 질문들을 만들어 놓았다.

이 책을 출간하도록 지원해준 래리 밀러와 메노나이트 세계교회협의회의 직원들에게, 그리고 세계의 그리스도인과 관련 아나뱁티스트들의 공동협력 안에서 국제적 대화를 장려하고자 애쓰는 이들의 노고에 충심어린 감사를 표하는 바이다.

From Anabaptist Seed

제1장_ 아나뱁티스트의 가르침

우리는 아버지와 아들과 성령에 대해 올바로 알아야만 한다. 이 삼위일체의 하나님은 진실한 하나님, 살아계신 하나님이시다. 이 하나님께서 우리를 창조하셨으며 우리를 구속하시고 우리를 가르치시며 우리에게 빛을 비춰주신다. 우리는 그 하나님을 믿어야만 한다.

더크 필립스(Dirk Philips)

그리스도교 공통의 가르침

아나뱁티스트의 가르침은 본질적으로 새로이 고안된 내용이거나 혹은 아주 독특한 내용이 아니었다. 거의 대부분의 아나뱁티스트들은 자신들의 신앙을 설명할 때, 단순히 '신앙의 열두 조항' 혹은 '신앙고백'이라고도 불리는 사도신경의 내용을 반복하여 말한다. 초기의 문답서에 보면, 아나뱁티스트들이 그들의 자녀들에게 그리고 회심한 자들에게 사도신경과 주기도문을 가르쳤음을 알 수 있다. 그들이 믿는 것이 무엇인지 질문을 하면, 모든 아나뱁티스트들이 공통적으로 "나는 하나님 아버지와 그의 독생자이시며 우리의 구주요 주 되신 예수 그리스도와 성령을 믿습니다."라고 대답한다.

아나뱁티스트 운동과 종교개혁 운동

아나뱁티스트 운동은 종교개혁 운동의 한 부분이었다. 아나뱁티스트들은 구원이 고행이나 성례전에 의한 것이 아니라 믿음으로 말미암는다는 루터Luther, 츠빙글리Zwingli, 그리고 캘빈Calvin의 신앙에 동의하였다. 그들은 또한 그리스도인에게 최종적인 권위는 성경이라는 개혁가들의 주장에 동의하였다. 그러나 비록 다른 개신교들이 그런 것처럼 아나뱁티스트들이 로마 가톨릭교회를 떠났는데도 불구하고, 그들은 유명한 개혁가들의 모든 점에 동의하지는 않았다. 우리가 앞으로 계속해서 살펴보겠지만, 아나뱁티스트들을 독특한 교회개혁 운동의 주체로 만든 것은, 그들이 일반적인 그리스도교의 가르침과 종교개혁의 가르침을 강조하고 올바로 해석한 데에 있다. 아나뱁티스트 운동은 성경과 성령의 권위를 강조하며, 살아계신 하나님의 성령의 역사하심으로 말미암은 회심을 통한 구원을 중요시하며, 이러한 것들과 더불어 제자도의 삶을 아주 중요하게 생각한다.

1. 우리가 어떻게 하나님의 뜻을 알 수 있는가?

성경

마틴 루터는 '오직 성경으로' 라는 목적으로 교회의 개혁을 부르짖었다. 아나뱁티스트들은 이것이 좋은 출발점이 된다는 점에 적극 동의하였다. 그러나 과연 이것의 참된 의미가 무엇인가에 대한 의구심이 있었다. 이것은 교회가 '오직 성경으로' 라는 모토motto를 따라 개혁되어야만 한다는 점은 좋지만, 과연 누가 성경이 말하고 있는 것을 올바로 해석하고 있는지를 증명할 수 있겠는가? 하는 질문이었다. 개신교의 종교개혁가들은 성경을 해석하기 위한 최적격자들은 교육받은 신학자들이라고 말했다.

성령

> 하나님의 명령은 문자 안에 존재하는 것이 아니라 성령께서
> 주신 능력 안에 존재한다.
> 한스 후트(Hans Hut)

초기의 아나뱁티스트들은 성경이 교회개혁의 기준이 되어야 한다는 점에 동의했지만, 성경을 해석하기 위한 최적의 사람들이 배운 학자들이어야 한다는 데에는 동의하지 않았다. 즉, 아나뱁티스트들은 성경의 최고 해석자들은 성령을 받은 사람들임을 믿었다. 이것은 성령의 은사를 받은 무식한 농민이 성령이 없는 배운 신학자보다 하나님의 말씀에 관한 더 나은 해석자가 될 수 있다는 것을 의미한다.

우리가 말할 수 있는 것은 아나뱁티스트들이 '오직 성경으로' 라

는 것보다, '성경과 성령이 함께 함으로' 라고 가르쳤다는 것이다. 이러한 초기 아나뱁티스트들의 생각은 아주 극단적이어서 급진적radical인 면이 있었는데, 특히 그것은 교육을 받든 받지 않았든, 남자든 여자든 모두가 성경을 해석할 수 있다는 새로운 역사의 장을 여는 것이었기 때문이다.

> 성령을 소유하지 않고 성서 안에서 무엇을 발견하였다고 생각하는 사람은 빛을 구하며 어둠을 찾는 사람이다.
>
> 한스 뎅크(Hans Denck)

당시 정치적 권력을 소유했던 자들은 이 모든 것들이 정치적으로는 위험한 것이며, 신학적으로도 무책임한 것이라고 간주하였다. 그러나 아나뱁티스트들에게는 하나님의 뜻을 올바로 분변하는 것이야말로 모든 신자들이 기대해야만 되는 것이었다.

공동체

사실 아나뱁티스트들은 곧 이 '성경과 성령이 함께 함으로' 라는 자신들의 가르침을 수정해야 할 필요성을 발견하였다. 몇몇 개인적으로 세례를 받은 사람들이 예언을 하기 시작했고, 문제가 될 만한 일들이 생겨나기 시작했다. 또한 몇몇이 자신의 하는 일들이 '성령에 의해서' 행하는 것임을 주장하기 시작했다. 과연 어떻게 '영들'을 시험하여 올바른 것인지 알 수 있겠는가?

영들을 시험하는 한 가지 방법은 믿는 사람들이 함께 모인 회중에서 문자적 의미와 영적인 의미를 분별해 내는 것이다. 초기 아나뱁티스트 운동 자료 중 하나는 형제들과 자매들이 함께 성경을 읽고 '하나님께서 이해력을 준 한 사람이 그것을 설명하게 하는' 방법을 추천하고 있다. 회중 모두에 의해 말씀을 분변하는 이 과정은 성경의 해석과 예언에 대한 의견 조정의 여지를 두는 한 방법이 되었다.

그리스도

영을 분변하는 두 번째 방법은 소위 스스로를 예언자라고 불렀던 몇몇 아나뱁티스트들에 의해 초래되었던 불행을 겪은 후에 나타났다. 메노 시몬스Menno Simons는 모든 영적인 주장들은 그리스도의 말씀과 삶에 의해서 측정되고 확인되어야만 함을 특별히 강조하였다. 이렇게 함으로써, '영을 시험하는 것'은 예수 그리스도와 그 사람에 대한 성경적 증거, 그리고 이를 분변하는 회중에 의해 분별되게 되었다.

하나님께서 심판하실 최후의 심판까지는, 성령, 말씀, 행동,
그리고 그리스도의 모범에 의해 모든 것들이 판단되어져
야 한다.

메노 시몬스

그러면 그리스도인들이 어떻게 하나님의 뜻을 분별할 수 있는가?
아나뱁티스트의 답변은 통상 그리스도교가 따르는 요소들을 따르고
있으나, 위에 설명한 모든 것을 잘 조화시키는 새로운 방법을 따르고 있
다. 하나님의 뜻은 성경에 나타나 있으며, 성령의 능력을 통해 모든 신
자들이 이를 해석하며, 예수 그리스도의 표준에 의해 시험되어야 한다.

토론을 위한 질문

1. 당신이 속한 교회 공동체에서는 어떻게 하나님과 교통하며, 어떻게 하나님의 뜻을 분별하는가?

2. 하나님의 뜻을 분변하는 과정에서 성령께서 말하시도록 초청하는 방법은 무엇인가?

3. 당신이 속한 교회 공동체에서는 어떻게 성경 말씀을 해석하고 있는가?

4. 고린도전서 3:11을 읽고, 당신과 당신이 속한 교회 공동체를 위한, 그리스도의 인격, 그의 삶, 그리고 그의 말씀, 하나님의 뜻의 측정을 어떠한 방법으로 하고 있는가를 토론해 보자.

5. 제자도에 제한이 있는가? 마태복음 5:43-48을 읽고 48절의 실제적인 의미가 무엇인지 이야기해 보자.

2. 우리가 어떻게 구원을 얻을 수 있는가?

믿음으로 구원받음

루터와 츠빙글리, 그리고 캘빈은 사람이 고백성사라는 행위로가 아닌, 오직 그리스도 안에 있는 믿음으로 말미암아 구원을 얻는다고 했다. 아나뱁티스트들 또한 '믿음으로 말미암은 구원'을 매우 진지하게 받아들였다. 그러나 그 구원의 과정을 다르게 해석하였다. 첫째로, 아나뱁티스트들에게 믿음은 오직 성인成人들만 이해할 수 있는 것이었다. 이것은 아나뱁티스트들이 믿었던바 세례가 내적 믿음을 드러내는 외적 표시임을 의미하는 것이었다.

> 만약 우리가 영 안에서 자유하게 되고, 영 안에서 건강하고
> 자 한다면 이러한 일은 반드시 중생重生을 통해서 일어나야
> 만 한다. — 발타자르 후브마이어(Balthasar Hubmaier)

둘째로, 아나뱁티스트들은 믿음에 도달하기 위해 성인들은 말씀을 듣고, 회개하고, 믿어야 한다고 생각했다. 그러나 믿음을 소유한다는 것은 단순히 '믿는다는 것'이라기보다 중생重生하는 것을 의미한다

고 아나뱁티스트들은 말한다. 중생은 신중한 선택을 통해 개개인들에게 일어나는 적극적인 영적 변화의 과정이다. 그리고 최종적으로 아나뱁티스트들은 참된 믿음이란 매일의 생활에서 열매를 맺어야만 한다고 믿고 있다.

그러므로 아나뱁티스트들이 고백성사라는 행위로써가 아니라 그리스도 안에 있는 믿음만으로 구원을 얻는다고 주장한 것은 개신교 개혁자들과 일치하였다. 그런데도 불구하고 아나뱁티스트들은 구원의 과정이 중요하다고 이해하였다. 이러한 믿음과 중생에 대한 이해는 개혁자들과는 다른 방법의 교회개혁과 다른 형태의 교회를 태동케 하였다.

은혜, 예정설, 그리고 자유의지

마틴 루터는 하나님께서 주신 은혜의 선물이 '불가항력'이라고 믿었다. 그는 하나님께서 죄인에게 믿음을 주시기로 결정했다면, 죄인은 선택의 여지없이 이를 받아들이고 믿어야 한다고 생각하였다. 루터에게 있어 그런 사람은 구원으로 예정된 사람들인 것이다. 아나뱁티스트들은 이에 동의하지 않았다. 그들은 하나님께서 은혜를 베푸시지만, 어느 누구에게도 강요하지는 않으신다고 믿었다. 아나뱁티스트들은 사람들이 그들의 자유의지를 행사하여 믿음이라는 하나님의 선물을 받아들일 수도 있고, 거절할 수도 있다고 말한다.

만약 루터의 견해와 같이 하나님의 은혜가 사람들이 선택할 수 없는 불가항력이라고 믿게 되면, 구원은 인간들이 결코 도달할 수 없는 저편에 놓이게 되는 결과가 초래된다. 개신교의 개혁자들은 이러한 믿음, 즉 믿음과 구원은 하나님의 전적인 선물로 어느 사람이 변화시킬 수 없다는 데서 큰 위안을 찾았다. 그러나 예정설의 관점으로 볼 때 더더욱 어려운 결론은 구원의 문제에서 인간이 져야 할 실질적 책임이 아무것도 없게 된다는 것이다. 이렇게 되면, 구원이란 하늘의 왕국에서 이미 결정되어 버린 추상적인 은혜가 되어 버린다.

아나뱁티스트들은 구원이 하나님이 은혜로 주시는 선물임과 동시에 인간의 노력으로 획득할 수 없다는 것에는 동의했다. 그러나 그들은 신약성경의 많은 기록들을 통해서 신자 자신들이 담당해야 할 역할이 있음을 가르치고 있다고 이해하였다. 하나님께서 베푸신 믿음의 선물에는 책임이 함께 따른다고 믿었다. 따라서 인간은 하나님께서 베푸신 믿음의 선물에 대해 응답해야 할 책임이 있다.

회심과 새 생명을 얻음

마틴 루터는 믿음이라는 선물이 하나님 앞에서 사람의 신분을 변화시키지만, 그것이 죄인을 성자로 변화시키는 것은 아니라고 믿었다. 개신교의 신학에서 구원으로 예정된 상태는 사람의 행동을 바꾸게는 하지만, 결코 근본적인 인간의 죄성을 변화시키지는 못한다. 아나뱁티스트들은 이것에 동의하지 않는다. 그들은 하나님께서 믿음의 선물을 제공하실 때, 이것은 영적인 능력을 함께 제공하시는 것으로 믿고 있다.

> 새 생명을 얻게 하는 중생의 말씀이란, 중생 이전, 그리스도로 옷 입기 이전, 그리고 성령의 원동력으로 그리스도를 따르기 이전에, 신실한 마음으로 복음을 들어야만 함을, 그리고 이를 믿어야만 함을 의미한다.
>
> 메노 시몬스

하나님의 은혜 베푸심을 받아들이는 사람들은 단순히 하늘에서 '의롭게' 되는 것이 아니라, 그들은 지금 이곳에서 거듭나야 되는 것이다. 믿음은 죄인들을 '그리스도로 옷 입게 하고' 죄인들로 하여금 성령의 능력을 받게 한다. 하나님의 은혜는 이전의 죄인들을 갱생시키고, 그들을 새로운 피조물로 만드는 것이다. 성령에 의해 중생하고 새 생명을 얻게 된 신자들은 성경에 있는 하나님의 뜻을 이해하고 해석하는 데 적합하게 되며 새 생명을 살 수 있게 되는 것이다.

믿음과 행위

믿는 사람들은 고백성사의 행위로써가 아닌, 그리스도 안에 있는 믿음으로 구원을 얻는다고 아나뱁티스트들은 말한다. 그런데도 그들은 다른 어떤 행위에 상관없이 오직 믿음만으로 구원을 얻는다는 개혁자들의 주장은 결코 충분치 않다고 말한다. 아나뱁티스트들은 구원이 그리스도 안에서 하나님께서 주시는 선물의 형태로만 주어진다는 데에 동의했다. 그러나 그들은 믿음의 선물을 받아들이고, 그리스도를 믿는 사람들이라야 새로운 피조물이 된다고 믿었다. 신자는 반드시 사랑의 수고를 해야 한다. 왜냐하면 그들은 성령의 능력에 의해 새 생명을 얻기 때문이다. 믿음이 있다는 것은 능력을 받았다는 것을 의미한다.

16세기 초의 문답서에서

Q: 믿음에는 몇 가지 종류가 있습니까?

A: 두 가지 종류가 있는데, 하나는 죽은 믿음이요, 하나는 살아 있는 믿음입니다.

Q: 죽은 믿음이란 무엇입니까?

A: 그것은 열매가 없고 야고보서 2장에서 이야기하는 것처

럼 사랑의 수고가 없는 믿음입니다.

Q: 그러면 무엇이 살아 있는 믿음입니까?
A: 갈라디아서 5장에 있는 것처럼, 성령의 열매를 맺고 사랑
의 수고가 있는 믿음입니다.

발타자르 후브마이어

제자도

개혁교회의 신학에 따르면, 믿음의 선물을 받기 위해 예정된 사람은 하나님 앞에서 의로운 죄인이라고 한다. 그러나 아나뱁티스트에서는 하나님께서 주시는 믿음의 선물을 받아들인 사람은 그리스도로 옷 입고 새 생명을 얻게 되며, 제자도의 길을 걸을 수 있다고 말한다. 아나뱁티스트들이 구원에 대해 말할 때, 이들은 결코 믿음으로 의롭게 되는 것을 말하는 것이 아니다. 이들에게 구원은 목적을 향해서 인내를 갖고 가는 인생 과정이다. 그리스도인의 길을 걷는 데는 자기희생과, 능동적으로 적극적으로 좁은 길을 선택하며, 사람이 할 수 있는 노력이 요구되는 것이다. 아나뱁티스트들이 끊임없이 사용하는 주제어는 '복종하는 믿음'이다. 그리스도를 통한 죄의 용서를 믿는다는 것은 한 사람이

죄를 뉘우치고, 회개하고, 제자로 살기를 결단하며, 평생의 삶에서 말과 행동으로 그리스도를 따르는 과정을 겪는 것을 의미한다. 그리고 제자로서 그리스도의 몸 된 지체로서의 표준은 언제나 그 머리이신 예수 그리스도이다.

토론을 위한 질문

1. 아나뱁티스트들은 어떻게 구원을 이해하는가? 당신 자신과 다니고 있는 교회의 이해와 비교하여 설명해 보자.

2. 중생의 의미는 다음 세 가지 중 어느 것이라고 생각하는가?
   가. 하나님에 의하여 우리가 받아들여지는 것
   나. 우리가 새로운 피조물이 되도록 능력을 받는 것
   다. 위의 두 가지 모두를 포함하는 것

3. 복종하는 믿음에 의존할 때 구원에 대한 이해의 장점과 약점이 무엇인지 말해 보자.

4. 로마서 4:13, 23-25, 그리고 야고보서 2:14-17절을 읽고 토론해 보자.

3. 아나뱁티스트 가르침의 결과

아나뱁티스트들이 그리스도교의 가르침을 새롭게 창안한 사람들이 아니었음이 분명하고, 또한 그들이 처음에는 프로테스탄트 개혁자들을 따랐던 무리였는데도 불구하고, 그리스도교의 공통된 가르침에 대한 아나뱁티스트들의 해석은 결국 그들이 어떤 교회를 원했었고 어떤 교회의 유산을 물려주기를 원했는지에 대한 이유가 되기에 충분했다. 우리는 앞으로 이 결과를 좀 더 상세하게 연구해 나갈 것이다. 이상의 것들을 토대로 우리는 다음과 같은 결론을 지을 수 있다.

성령으로 태어나 그리스도를 중심에 모신 신자들의 교회

하나님의 뜻을 옳게 분별하고자 아나뱁티스트들이 걷고 있는 중요한 길 중의 하나는 모든 교인들이 성령에 의해 태어난 신자들이라고 믿는 것이다. 이 교회에 속한 사람들에게는, 소위 제사장적 해석자라는 특권, 즉 '성직자들만이 하나님의 뜻을 해석하는 사람들이다.' 라는 특권이 없다. 그것은 오히려 하나님의 말씀을 해석하고 분별하는 사람들로 구성된 공동체에 의해서 가능하다. 이 공동체는 성령의 활동으로 형성된 공동체이다. 그것은 그리스도의 말씀과 그리스도의 인격에 의해 평가되는 공동체이다.

성경의 해석 능력

아나뱁티스트에서 신자들의 교회church of believers에 강조점을 둔다는 것은 모든 교회의 회원들이 성경을 읽고 해석하게 된다는 것을 의미했다. 비록 16세기 당시 아나뱁티스트들의 대부분이 글을 읽거나 쓸 수 있었던 것은 아니었지만, 그런데도 불구하고 그들은 주제에 따라서 잘 조직된 암기법에 의해 성경의 많은 부분을 알고 있었다. 아나뱁티스트들은 감옥에서 그들의 믿음의 근원이 되는 성경구절을 구구절절 혹은 각 장별로 거듭하여 암송함으로써 그들을 체포했던 이들을 놀라게 하기도 했다. 각자는 믿음을 자기 것으로 소유하며, 그리고 자신의 믿음을 설명하고 성경적으로 변증할 수 있어야만 했다. 많은 법정 자료들은 당시 아나뱁티스트의 평범한 남녀 신자들이 믿을 수 없을 정도로 엄청난 성경 지식을 소유하고 있었음을 보여주고 있다.

보이는 교회

구원을 아나뱁티스트적 관점에서 이해한 결과란 바로 참된 교회다. 참된 교회란 그리스도 안에서 하나님이 베푸신 은혜에 대해 "예!"라고 말하고, 공개적으로 믿음을 선택한 사람들에 의해서 이루어지며, 눈에 보이도록 드러나는 교회이어야만 한다. 이러한 교회는 단순히 '하나님을 아는 것만' 이 아니라 어떠한 사람에게든지 명백한 것이어야만 한다. 이러한 교회는 각 구성원들이 회개, 중생, 그리고 새로운 삶을 통해 인정받아야 한다. 그것이 결국 예수 그리스도를 주님Lord, 주인Master으로 섬기고 따르기로 다짐한, 순종하는 제자들로 이루어진 교회일 것이다.

토론을 위한 질문

아나뱁티스트의 가르침은 제자들의 공동체로서 교회의 비전을 제시하며, 하나님의 성령으로 거듭나며, 하나님의 뜻을 함께 분별하도록 안내한다. 이것은 참으로 아름다운 비전이다. 그러나

1. 이것이 현재 당신의 교회를 위한 적절하고 실제적인 비전인가?

2. 이러한 교회 공동체의 비전을 깨닫는 데 방해물이 있다면 어떠한 것들인가?

3. 당신의 교회가 교회 구성원들에게 성경을 더욱더 잘 알게 하기 위해 권장하는 방법이 있다면 어떠한 것들인가?

4. 신자들과 제자들의 교회로 보이기 위해서 당신의 교회는 무엇을 해야 한다고 생각하는가?

제2장_아나뱁티스트의 교회 예식

1525년 1월 21일, 큰 두려움이 그들을 엄습했을 때, 그들은 하늘의 하나님께 자비를 보여주십사고 외쳤다. 그때 조지 블라우락George Blaurock이 일어섰다. 그리고 콘라드 그레벨Conrad Grebel에게 하나님의 뜻을 이루기 위해 세례 베풀기를 간청했다. 콘라드 그레벨은 이를 수락했고, 곧 세례를 주었다. 그 후, 그는 많은 사람들에게 세례를 베풀었다.

우리가 살펴보았듯이 아나뱁티스트의 가르침은 전혀 새로운 것이 아니며, 특별한 것 또한 아니었다. 거의 모든 아나뱁티스트들은 정통적인 삼위일체 신앙을 고수하고 있으며, 종교개혁의 기본 원리들에 적극 동의하고 있다. 그러나 이와 더불어 뚜렷한 차이점 또한 존재한다. 아나뱁티스트들의 교회개혁 운동은 몇몇 신자들이 가톨릭교회와 더 나아가 개신교의 교회 예식과 다른 교회 예식을 시행하면서부터 시작되었다. 이러한 독립된 개혁의 방향을 확실하게 한 의식은 '성인 세례'였다.

성례전

마틴 루터는 로마 가톨릭교회의 예식에 정면으로 도전하였다. 로마 가톨릭교회는 일곱 종류의 성례전이 있다고 가르쳤다. 이 성례는 하나님의 은혜를 받았다는 것을 밖으로 드러내는 표징들이었다. 예를 들어, 세례라는 성례에서 눈에 보이는 표징은 물이다. 안수를 받은 사제가 유아에게 물로 세례를 줄 때, 이것은 어린아이의 영혼에서 원죄의 자국을 제거해 준다는 하나님의 은혜의 내면적 행동과도 같은 것으로 여겼다. 마찬가지로 성찬 미사에서도, 사제가 축복한 눈에 보이는 빵과 포도주의 성분들이 실제로 그리스도의 몸빵과 피포도주로 변화된다는 것이다. 로마 가톨릭교회의 가르침에 따르면, 교회와 이 일곱 종류의 성례를 행치 아니하면 구원을 얻지 못하며, 물론 안수를 받은 성직자들만이 이 성례들을 시행할 권한이 있다.

이에 대해 종교개혁자들은 구원은 믿음으로 이루어지며, 구원은 교회의 사제들이나 성직자들, 또는 성례전에 의해서 중재될 수 있는 것이 아니라고 주장하였다. 많은 사람들은 하나님의 은혜가 성례전들에 의해 결코 중재될 수 없다는 것을 이미 알고 있었으며 이에 동의할 준비가 되어 있었다. 그러나 1520년 당시 무엇이 성경이 말하는 '성례전' 인지, 그리고 무엇으로 그 오랫동안 이어져 내려온 성례전의 자리를 대신해야 할지 명확하지가 않았다.

다른 복음주의 교회의 개혁자들처럼 아나뱁티스트들 또한 하나님의 말씀에 전적으로 기초하여 이러한 것들을 개혁하기 원했다. 아나뱁티스트들은 성경 연구를 기초로 교회가 개혁되어야 한다는 점을 믿게 되었다. 방법론에 있어서 이러한 교회 개혁은 최소한 세 가지의 기본 예식들을 실행케 하는 성경적 행동양식을 따라야 했다.

● 신자의 세례
● 교회 규율
● 주의 만찬

이 세 가지 교회 예식들이 초기 아나뱁티스트의 교회 생활을 위한 중심이 되었다. 네 번째 예식은 '발 씻김' 으로, 이것은 16세기 말에 추가되었다.

1. 세례

신자의 세례

그러므로 너희는 가서 모든 족속으로 제자를 삼아 아버지와 아들과 성령의 이름으로 세례를 주고 내가 너희에게 분부한 모든 것을 가르쳐 지키게 하라. 볼지어다. 내가 세상 끝 날까지 너희와 함께 항상 있으리라 하시니라.

〈마태복음 28:19-20〉

성인 신자의 세례는 아나뱁티스트 운동을 규정하는 가장 뚜렷한 표시가 되었다. 성인 세례에 대한 근원적인 성경적 논쟁은 마태복음 28:19-20에 나오는 예수의 '지상 명령'에서 시작되었다. 아나뱁티스트들은 세례에 관한 명확한 성경적 명령이 이 구절 속에 들어 있다고 보았다. 첫째는 가서 가르치라말씀 선포, 그리고 가르친 후 세례를 주라는 것이다. 그리고 세례에 이어서, 새로이 태어난 그리스도인은 그리스도의 명령에 순종하는 삶을 살도록 가르쳐야 한다.

아나뱁티스트들에게 성경이 말하는 순서는 중요하고도 분명하다. 그래서 그들이 고집하는 것처럼 이 명령의 내용 중 어떤 것도 새로이 태어난 어린아이에게 적용할 수 있는 것은 없다. 유아들과 어린아이들은 구원에 대한 가르침을 이해할 수도 없고, 그것을 믿거나 회개할 수도 없으며, 세례 후의 삶인 순종의 삶을 약속할 수 없기 때문이다. 아나뱁티스트들에게 세례에 대한 성경적인 의미는 분명하다. 세례는 성직자들에 의해 베풀어지는 하나의 성례전이 아니라, 그것은 내적 신앙의 외적 표징인 것이다. 16세기 초 아나뱁티스트들이 자주 이야기했던 '세 가지 세례'가 있는데, 첫 번째가 '성령 세례'이고, 두 번째가 '물세례'이며, 마지막은 '피의 세례'이다.

성령 세례

성령 세례와 불세례는 하나님의 성령에 의해 선포되는 거룩
한 말씀의 불로 하여금 죄를 자백하는 사람을 온전히 살리기
위한 것이다.   발타자르 후브마이어

아나뱁티스트들은 세례 의식에 사용하는 물 자체가 하나님의
은혜를 가져다주는 거룩한 물질이 될 수 있다는 의견을 받아들이지
않는다. 그들은 "물은 단순히 물일 뿐이다."라는 입장을 고수한다.
엄밀하게 말하면, 세례에 사용하는 물은 그 자체가 거룩한 것이 아니
다. 더욱더 근본적이고 본질적인 것은 바로 우리 마음에 임하시는 성
령의 세례인 것이다. 이 영적인 성령 세례는 신자들로 하여금 회개와
믿음과 헌신에 이르도록 한다. 그리고 그들로 하여금 순종하는 제자
가 되게 하는 성령의 능력을 주는 것이다.

물세례

아버지와 아들과 성령의 이름으로 받은 물세례는 내면의

신앙과 헌신을 공적으로 고백하고 증명하는 것 이상은 아무것도 아니다.   발타자르 후브마이어

쉽게 말하자면, 물세례는 이차적인 것이다. 이것은 사람의 내면에 무슨 일이 생겼는지를 밖으로 표현하거나, '증거' 혹은 '고백'하게 하는 것이다. 그런데도 불구하고 물세례가 둘째 단계로 행해지는 것이므로, 이것이 선택적이거나 중요하지 않다는 뜻은 아니다. 오히려 물세례는 이 땅에 눈에 보이는 그리스도의 몸을 세우는 데 있어서 아주 결정적인 역할을 한다. 물세례는 내면의 영적 변화를 표현하는 필수적인 외적 증거이기 때문이다. 믿는 사람들이 물세례를 받을 때, 이것은 그들의 교회에 대한 헌신과 약속과 인증을 교회에 공표하는 것이다. 성경의 명령에 복종하겠다는 응답 외에 물은 하나님과 회중 앞에서 '선한 양심의 언약'이 된다벧전3:21. 따라서 물세례는 경시되거나 무시될 수 없다.

피의 세례

'피의 세례'라는 말은 16세기 4000여 명이 넘는 아나뱁티스트들의 끔찍한 현실, 즉 '순교'의 역사를 상기시켜 주는 말이다. 그

러나 그 말은 순교와 직접적으로 관계되지 않은, 더 부드러운 의미로 사용되기도 한다.

아나뱁티스트들은 성령 세례와 물세례 후에도 여전히 '육신'을 상대하는 것과 '세상'과 상대하여 싸우는 끊임없는 싸움에 직면한다고 믿고 있다. 이 싸움에는 끊임없이 닥쳐오는 인간의 실패와 또 끊임없이 호소하는 성령의 힘이 공존한다. 이 '옛 아담을 죽이는 것'이 고통스럽고, 계속되는 제3의 세례이다. 바로 이 '피의 세례'라는 문구 때문에 금욕적으로 내세만을 추구했던 아나뱁티스트들이 있었다. 그 아나뱁티스트들은 끊임없는 시험에 대하여 승리하며 싸우는 믿음 생활을 기대했다. 그러나 분명히 16세기에 사용되었던 '피의 세례'라는 말은 단지 이런 육체적 고행 이상의 것들을 의미했다. 그것은 말 그대로 한 사람이 자신의 피를 흘리는, 즉 순교의 피를 흘린다는 문자적 의미의 죽음을 받아들이는 소명을 의미했다. 만약 신자들이 진리를 증명하는 것으로 죽음을 받아들인다면, 그들은 매일의 생활에서 일어나게 되는 '옛 아담을 죽이는' 제3의 세례를 이미 준비한 것이 된다.

토론을 위한 질문

1. 당신이 속한 교회 공동체에서는 세례를 어떻게 시행하는가?

2. 아나뱁티스트들이 이해하고 있는 세 가지 세례와 당신이 이해하고 있는 세례와 다른 점이 있다면 이를 비교, 대조해 보자.

3. 로마서 6:1-4을 읽고, 당신과 당신이 속한 교회 공동체에 실제적으로 적용할 수 있는 의미에 대해서 토론해 보자.

2. 교회의 규율

세 가지 훈계

네 형제가 죄를 범하거든 가서 너와 그 사람과만 상대하여 권고하라. 만일 들으면 네가 네 형제를 얻은 것이요, 만일 듣지 않거든 한두 사람을 데리고 가서 두세 증인의 입으로 말마다 증참케 하라. 만일 그들의 말도 듣지 않거든 교회에 말하고, 교회의 말도 듣지 않거든 이방인과 세리와 같이 여기라. 진실로 너희에게 이르노니 무엇이든지 너희가 땅에서 매면 하늘에서도 매일 것이요, 무엇이든지 땅에서 풀면 하늘에서도 풀리리라. 〈마태복음 18:15-18〉

세례는 공적 의식으로서 매우 중요하다. 왜냐하면 새 신자가 자신을 교회의 질서에 속하도록 하는 회중에 대한 표시이기 때문이다. 교회의 규율에 대한 성경적 토대는 마태복음 18:15-18에서 찾을 수 있다. 아나뱁티스트들이 이야기하듯이, 이 구절은 참된 교회의 운영을 위해 따라야 할 적절하고도 성경적인 질서를 보여준다.

죄의 고백과 용서

교회 규율의 기능 중 하나는 아나뱁티스트들이 '권징ban'이라 부르는 것으로, 굳이 이전의 성례전으로 말하자면 고백성사죄의 고백과 용서의 위치에 해당하는 것이다. 권징의 목적은 죄를 지은 사람으로 하여금 죄를 고백하고, 용서하고, 다시 인정받아 회중에게로 돌려보내고자 함에 있다. 그러나 실제적으로 이 죄의 고백과 용서라는 기능이 사랑의 표현으로 제대로 드러나도록 실천하는 것은 결코 쉽지 않다. 비록 형제들의 권징의 근본이 성경에 근거한 것이라 할지라도, 그리고 잘못한 형제를 교회에 다시금 인정받게 하기 위한 이상적인 예식으로 표현될 수 있다 해도, 실제로 이 원리를 실행하는 데 있어서 권징은 용서와 연합의 도구로 사용되기보다는 분리의 도구로 사용되었기 때문이다.

순전한 교회

그리스도인들은 그리스도의 지체입니다. 그들의 몸은 거룩한 성령의 전입니다. 그리스도에게는 깨끗하지 않은 지체가 없고, 성령의 전은 거룩하기 때문입니다.

더크 필립스

권징의 두 번째 기능은 건강하고 개혁하는 교회를 유지하기 위함이다. 아나뱁티스트들은 참된 교회가 성령에 의해 새로운 삶을 사는 사람들, 즉 하나님의 영적 자녀들로 구성되어야 함을 확실히 하였다. 이러한 '그리스도의 몸 된 지체들'은 분명하고도 새로운 삶을 살아야 한다. 마치 그리스도께서 순전하고 거룩하신 것처럼 그의 지체 또한 순전하고 거룩해야 한다. 권징은 바로 이러한 거룩하고 순전한 교회를 유지해 나가기 위한 방법 중의 하나이다.

물론 항상 이 온전한 목적을 이룬다는 것은 쉽지 않은 고귀한 소명이다. 그런데도 불구하고 아나뱁티스트들은 머지않아 매우 진지하고 정직하며 올곧은 사람들이란 평판을 얻었다. 실제로 16세기에 아나뱁티스트가 되는 것으로 의심을 받아 체포된 사례가 여러 번 있었는데, 이들이 체포된 것은 단지 예전에 행하던 생활 방식인 술을 끊고, 노름을 그만두고, 저주하던 습관들을 그만두었다는 이유 때문이었다. 그들이 좋은 사람으로 변한 것이 결코 성인 세례를 받아서 변화된 것이 아니라는 사실이 증명될 때까지 그들은 감옥에서 풀려나지 못했었다.

토론을 위한 질문

1. 지금 속한 교회 공동체에서는 어떻게 '형제자매의 권고'를 실행하고 있는지 토론해 보자.

2. 고린도전서 5:9-13과 13:1-7을 읽고 비교해 보자.

3. 갈라디아서 6:1-2를 읽고, 순결해야 하는 교회가 그렇지 못한 성도들을 만났을 때 어떻게 사랑과 인내로 대할 수 있는지 토론해 보자.

3. 주의 만찬

물세례가 믿음의 맹세에 대한 표징인 것과 같이 주의 만찬
은 형제 사랑에 대한 의무의 표징이다. 물이 하나님에 대한
관계를 나타낸다면, 만찬은 우리 이웃과의 관계를 나타내
는 것이다.　　　　　　　　　　　　　　　〈발타자르 후브마이어〉

기념

내가 너희에게 전한 것은 주께 받은 것이니 곧 주 예수께서
잡히시던 밤에 떡을 가지사 축사하시고 떼어 가라사대 이것
은 너희를 위하는 내 몸이니 이것을 행하여 나를 기념하라.

〈고린도전서 11: 23-24〉

모든 아나뱁티스트들은 빵과 포도주가 예수 그리스도의 실재와
육체적 현신이라는 가톨릭의 입장에 반대한다. 그들은 빵은 빵이고, 포
도주는 포도주로 이해한다. 주의 만찬은 세례를 받고 제자가 된 신자들

에 의해 축복되는 기념으로 행해지는 것이지, 사제들이 죄인들을 위하여 그리스도의 희생을 다시금 재현하는 것은 아니다.

주의 만찬이 '기념'이라는 것을 뒷받침해 주는 성경 구절은 고린도전서 11:23-26이다. 아나뱁티스트들에게 이것을 행하여 나를 기념하라는 예수의 말씀은 만찬을 거행하는 것이 무엇인지를 잘 나타낸다. 즉, 그것은 예수의 죽음과 희생을 기억하며, 주께서 다시 오실 때까지 그의 죽음을 공표하는 것이다.

> 빵과 포도주는 단지 그리스도의 고난과 죽음을 기념하는 상징들일 뿐이다.　〈발타자르 후브마이어〉

가치 있게 의식을 거행함

> 사람이 자기를 살피고 그 후에야 이 떡을 먹고 이 잔을 마실지니 주의 몸을 분변치 못하고 먹고 마시는 자는 자기의 죄를 먹고 마시는 것이니라.　〈고린도전서 11: 28-29〉

교회의 규율에 대한 신자의 세례와 복종은 주의 만찬에 참예하기 위한 선결조건이 된다. 주의 만찬이 그리스도의 몸으로 하나가 되는 것을 기뻐하는 것이므로, 각각의 지체는 주의 깊게 자기를 돌아보아야 하며, 주의 만찬이 참으로 가치 있게 거행되도록 힘써야 한다. 이것을 위해 권징을 통해 주의 만찬을 준비해야 하며, 주의 만찬에 참예하지 못할 지체들이 훈계를 받으며, 함께 참예하기 전 회개로 부름을 받아야 한다. 형제의 훈계는 몸을 정결케 하는 한 부분이다. 아나뱁티스트들은 주의 만찬이 신앙의 삶을 사는 사람들, 그리고 매일의 삶에서 그들이 믿음을 보이며 사는 사람들에 의해 기념하는 의미가 있는 것으로 이해하고 있다.

형제자매들에게 다시금 헌신함

주의 만찬은 한 형제나 자매가 혹은 한 지체가 회중 앞에서 그 자신을 다른 형제자매들에게 의무를 갖도록 하는 공적인 사랑의 표징입니다. 그들이 서로 **빵**을 떼면서, 그리고 잔을 마시면서, 그들이 지금 서로에게 그들의 몸을 희생하고 피를 나누기를 원한다는 표징입니다.

〈발타자르 후브마이어〉

16세기 아나뱁티스트의 회중들에게 주의 만찬을 나눈다는 것은 교제를 새롭게 하는 헌신에 대한 강력한 증거였다. 주의 빵과 잔을 나누는 것에 의해서 지체들은 서로에게 자신의 생명을 기꺼이 주겠노라는 표시를 하였다. 16세기에 주의 만찬은 결코 가벼이 행해지지 않았다. 아나뱁티스트들로서 감옥에 갇혔던 사람들은 거의 항상 고문을 받았고, 그들의 동료 교회 지체가 누구인지 이름을 대도록 심문을 받았다. 이러한 박해의 상황에서 주의 만찬에 함께 참예한다는 것은 헌신과 목적이 같다는 공통성에 대한 강력한 상징이었다.

토론을 위한 질문

1. 당신이 속한 교회 공동체에서는 어떻게 주의 만찬을 시행하고 있는지 생각해 보자. 주의 만찬이 주는 상징적 의미는 무엇인가?

2. 당신이 속한 교회 공동체에서 행하고 있는 주의 만찬은 상호간의 화해나 상호 원조라는 실제적 차원을 내포하고 있는가?

3. 고린도전서 11:23-24를 읽고 아나뱁티스트들이 시행하는 주의 만찬과 당신의 교회 공동체가 시행하는 주의 만찬을 비교, 대조해 보자.

4. 발을 씻김

이에 대야에 물을 담아 제자들의 발을 씻기시고 그 두르신
수건으로 씻기시기를 시작하여.　　　　　　　〈요한복음 13:5〉

발 씻김은 초기 아나뱁티스트의 회중들이 시행한 예식은 아니었
다. 남부 독일의 아나뱁티스트 운동의 지도자였던 필그람 마펙Pilgram
Marpeck, ?~1556이 교회 예식으로서의 발 씻김을 이야기했지만, 예식의
실행은 16세기 말과 17세기 초, 네덜란드에서 신앙고백의 시간에 들어
가기 전의 예식으로서 널리 행해지게 되었다.

우리는 진정한 겸손의 표시로 성도들의 발을 씻기며, 이 발
씻김이 그리스도의 보혈 안에서 진정으로 순수해짐을 고백
하는 것이다.　　　　　　　　도르트레흐트 신앙고백 제6조항

발 씻김의 예식은 근본적으로 예수께서 시행하라고 세우시고,
명령하셨기 때문에 예식의 하나로 간주되었다. 겸손과 깨끗이 함이라
는 발 씻김의 상징적 의미는 네덜란드에서 메노 시몬스와 함께했던 더

크 필립스Dirk Philips에 의해 설명되었다. 이것이 17세기 말 스위스 형제단Swiss Brethren에 의해 채택되었던 도르트레흐트 신앙고백Dordrecht Confession에 의해 교회 예식의 하나로 채택되었다. 그리고 그 시행이 남부 지역에 또한 받아들여지게 되었다.

토론을 위한 질문

1. 당신이 속한 교회 공동체에서는 발 씻김의 예식을 시행하고 있는가?

2. 요한복음 13:4-17과 디모데전서 5:10을 읽고 의미를 생각해 보라.

3. 예수의 행동이 제자들이 수행하도록 하는 공적 상징으로 적합하다 생각하는가?

5. 아나뱁티스트의 교회 예식이 낳은 결과들

교회 예식들은 그들이 믿는 가르침이 종교 예식으로 드러난 것들이라고 생각할 수 있다. 아나뱁티스트의 교회 예식들은 아나뱁티스트가 가르치는 강조점들이 무엇인지 그 윤곽과 전체적인 이해를 제공하는 것으로 생각할 수 있다.

거듭난 신자들의 교회

세례 예식은 아나뱁티스트들의 신앙 중심에 자리하는 것으로서, 이 예식으로 말미암아 아나뱁티스트 교회가 특별한 유형의 교회가 되게 하였다. 이 예식은 분명하고 양심적인 방법으로 하나님의 부르심에 응답한 사람들로 구성된 것이 바로 교회임을 말해 준다. 즉 신자의 세례는 '그리스도의 몸'이 거듭난 지체들에 의해 구성되는 것임을 의미하는 것이며, 권징은 신앙과 행위에 있어 하나가 된 몸을 유지하기 위해 존재하는 것이며, 주의 만찬과 발 씻김은 교회의 형제들과 자매들 상호 간의 헌신을 더욱 강하게 하기 위함이다.

보이는 교회

아나뱁티스트에 동의하는 사람들로 구성된 이들은 단지 하나님만이 알고 계시는 우주적인 교회, 혹은 보이지 않는 교회를 교회로 인정하지 않는다. 교회는 십자가의 길을 가셨던 예수 그리스도를 따르고자 공적으로 헌신키로 한 사람들로 구성되어야만 한다. 이것은 세심한 규율에 의해 유지되며, 주의 만찬과 발 씻김에 의해 강화되어 눈에 보이는 거룩함에 이르고자 하는 사람들로서의 교회이다.

성령을 의지하는 교회

아나뱁티스트의 교회 예식은 이들이 그리스도인들의 영적인 삶을 얼마나 강조하고 있는가를 명확하게 보여주고 있다. 물로 받는 성인 세례의 권위는 주께서 말씀하신 성경적 명령에 의해 이루어진다. 그러나 내면에서 일어나는 실제적인 세례는 살아 계신 성령 하나님에 의해 주어진다.

이와 같이 제자가 되는 능력과 좁은 길을 따라 살고자 하는 능력은 성령 하나님에 의해 주어지는 능력을 의미한다. 이것은 신자들이 시험을 이기며, 새로운 삶을 살아갈 수 있도록 만드는 원동력이 바로 성령 하나님이시라는 것을 의미한다. 이 성령 하나님은 수천 명의 아나뱁티스트들이 죽음까지도 감내할 수 있게 했던 바로 그 성령 하나님이시다.

성령 세례와 물세례, 그리고 피의 세례들이 여자에게든 남자에게든 동등하게 행해지며, 그리스도의 명령과 공동체에 대해 보이는 이들의 충실성과 자유 의지적인 복종 또한 특기할 만큼 중요한 것들이다. 제자들이 부름을 받을 때, 성령 하나님께서는 성별을 따지지 않으신다. 아나뱁티스트 교회들을 살펴보면 사회의 모든 부문에서 남자, 여자 공히 높은 참여도를 보이고 있음을 알 수 있다. 아나뱁티스트으로 말미암은 순교자들 중 3분의 1이 여자들이었다.

토론을 위한 질문

교회의 가르침들은 그 지체들의 개인적인 삶과 공동체적 시행들이 어떠한 것인지를 드러내 준다.

1. 당신이 속한 교회 공동체에서 시행하고 있는 교회 예식이 어떠한 방법으로 당신의 믿음을 드러내게 하는지 토론해 보자.

2. 당신이 속한 교회 공동체의 예식들을 통해 어떻게 성령 하나님의 능력이 드러나는지에 대해 논의해 보자.

제3장_제자도: 믿음의 생활

무리와 제자들을 불러 이르시되 아무든지 나를 따라오려

거든 자기를 부인하고 자기 십자가를 지고 나를 좇을 것

이니….   마가복음 8:34

전인적인 영성

아나뱁티스트들은 내적인 성령 세례와 외적인 물세례, 그리고 하나님 안에서의 내적인 믿음과 그리스도의 발자취를 따르고자 하는 순종하는 삶 사이에 필수적인 상관관계가 있음을 분명히 하고 있다. 아나뱁티스트들은 그리스도인의 삶과 영적 실재가 외적인 행동과 일치하는 전인적 영성을 추구하고 있다. 이는 신자들에게서 그리스도의 영이 그리스도와 같은 삶을 맺게 할 것이기 때문이다.

그러면 구체적으로 한 사람의 일상생활을 살펴볼 때 무엇이 그 사람으로 하여금 영적으로 다시 태어난 존재가 되게 하는가? 이것은 애초부터 내용이 불분명해서 명확하게 답하기 어려운 질문이다. 그러나 아나뱁티스트 운동이 진행되면서 제자도의 좀 더 가시적인 표징들이 분명하게 드러나게 되었다. 이러한 눈에 드러나 보이는 성령의 열매들 중에서 아나뱁티스트 신자들에게 점점 더 분명하게 된 것들은,

진리의 선포 – 물질의 나눔 – 평화주의
이다.

마치 수액이 뿌리에서 흘러나와 열매 맺는 온 가지를 만들어
나가듯이, 그리스도의 영이 뿌리 되신 그리스도에게서 흘러
나와 나뭇가지와 줄기로 하여금 무수한 열매를 맺게 하는 것
처럼, 그리스도께서 뿌리가 되시고, 줄기가 되시기에, 우리
는 믿음을 통해 그에게 접붙인 바 되었습니다. 그런 까닭에
가지들은 뿌리와 같은 특징을 가지며, 그에 맞는 열매를 맺
게 됩니다.　　　　　　　　　　피터 리더만(Peter Riedemann)

1. 진리를 선포함

나는 너희에게 이르노니 도무지 맹세하지 말지니…. 오직 너
희 말은 옳다 옳다, 아니라 아니라 하라. 이에서 지나는 것은
악으로 좇아 나느니라.　　　　　　　　　　마태복음 5: 34, 37

공적인 맹세

제자가 된다는 것은 주님의 모든 명령에 복종하는 것을 의미한다. 16세기의 신자들에게 가장 어려운 예수님의 말씀 중 한 가지는 도무지 맹세하지 말라는 명령이었다.

16세기의 정치적 사회는 국가에 대한 충성을 맹세하는 것과 아주 밀접히 연결되어 있었다. 맹세는 상인단체나 조합에 가입할 때, 한 도시의 시민권을 갱신할 때, 그리고 모든 법정에서 필수 불가결한 것이었다. 16세기에 맹세하기를 거절한다는 것은 자신이 정치적·사회적 질서를 거절한다는 의미였다. 아마도 이러한 이유 때문에, 아나뱁티스트들이 맹세를 거절해야 한다는 것에 대해 모두의 의견일치를 보기까지는 적지 않은 시간이 필요했었던 것 같다.

총체적 신앙

결국 아나뱁티스트들은 예수의 말씀이 최종적이라는 것, 즉 그리스도인들은 사회의 결론들이 어떻든지 옳은 것은 옳다고, 아닌 것은 아니라고 진리를 말하는 사람들이어야 한다는 데 적극 동의하였다. 이것은 그들에게 법적인 분쟁이 최종적인 권위가 아니게 만들었다. '맹세를 거절하는 것'은 단지 문자적 '명령'에 복종하는 것 이상을 의미한다.

그것은 아나뱁티스트들이 끊임없이 이르고자 하는 전인적 영성과 완전한 조화를 이루고자 하는 것이었다.

예수 그리스도의 제자로 다시 태어나는 것은 단지 진리를 말하는 것뿐만 아니라, 진리로 산다는 것이다. 이 땅에서 그리스도의 몸 된 지체들은 말과 행동에서 온전한 일치를 이루며 사는 사람들이다. 진리를 말하지 않는 죄는 아나뱁티스트로서 훈계와 징계를 받게 되는 것 중의 하나이다.

그리스도를 믿음으로 말미암아 교회의 몸이 된 모든 사람들은 세상의 아들들이 하듯 맹세를 하지 않을 것이다. 오히려 그들은 조금도 가감 없는 순전한 마음으로 진리를 말하고, 진리로 더불어 사는 사람들이다. 　　　　한스 마쿼트의 증언

토론을 위한 질문

1. 당신이 속한 교회 공동체는 맹세하지 말라는 것에 대해 가르치고 있는가?

2. 삶의 전 영역에서 온전하게 산다는 것과 진리로 산다는 것이 어떻게 관련이 있는지 당신의 교회 경험에 비추어 생각해 보자.

3. 영적으로 거듭난 것이 당신의 교회 공동체 생활 속에서 어떻게 드러나게 할 수 있는가?

2. 물질을 나눔

그가 우리를 위하여 목숨을 버리셨으니 우리가 이로써 사랑을 알고 우리도 형제들을 위하여 목숨을 버리는 것이 마땅하니라. 누가 이 세상 재물을 가지고 형제의 궁핍함을 보고도 도와줄 마음을 막으면 하나님의 사랑이 어찌 그 속에 거할까 보냐. 자녀들아, 우리가 말과 혀로만 사랑하지 말고 오직 행함과 진실함으로 하자.

요한일서 3:16–18

세상의 물질을 나눔

모든 아나뱁티스트들에게 기대되는 바, 믿음과 새로운 삶을 살아간다는 증거 중의 하나는 도움이 필요한 사람들과 함께 물질을 나누는 것이다. 이러한 소유의 포기는 그리스도 안에서 자신이 죽고 다시 사는 사람이라는, 그리고 이 땅 위에서 그리스도의 몸에 자기 자신을 완전히 헌신한다는 분명한 표시이다. 영적인 '항복Gelassenheit' 은 물질적 소유의 포기로도 드러나야만 한다.

이러한 삶에 대해 인용되는 수많은 성경 구절이 있으나, 요한일서 3: 16-18은 가장 즐겨 인용되는 성경 구절이다. 초기 아나뱁티스트들에게 불신앙의 뚜렷한 표시 중 하나는, 도움이 필요한 사람들에 대하여 동정심을 닫아버리는 것이었다. 마태복음 25: 31-46에 나타난 양들과 염소들에 대한 마지막 심판은 이 질문에 대해 즐겨 인용되는 구절이다.

1520년대와 1530년대에 모라비아Moravia에 있었던 여러 아나뱁티스트들의 공동체와 훗날의 후터라이트Hutterite 공동체들은, 경제적 나눔은 물질을 공유하는 공동체, 즉 지체들이 모든 재산적 권리를 포기하는 형태를 띠게 되었다. 그러나 좀 더 많은 숫자의 비공동체적 아나뱁티스트 그룹들조차 '공동의 지갑'이 있어 가난한 사람을 돕고 있다.

한 지체가 된다는 것은 가난한 사람, 과부, 고아들, 그리고 일반적으로 한 몸을 이루고 사는 지체들을 돌보는 것을 의미한다. 또한 공동체 밖에서 오는 뚜렷한 요구에도 관대함을 아끼지 않고 있다. 아나뱁티스트들은 중생한 사람들이라면 무엇보다 하나님을 사랑하고 자신의 몸과 같이 이웃을 사랑하는 방법으로 경제적인 삶도 나누어야 한다고 믿고 있다.

누구든지 참 믿음이 있으면 가난한 지체들과 함께 나눔의 삶을 살며, 자신의 재산으로서 어떠한 것도 소유하지 않을 것이다.

바블리의 증언, 1529년 스위스 베른에 있는 목판에서

토론을 위한 질문

1. 당신의 교회 공동체에서는 어떻게 지체들이 그리고 교회 밖의 사람들에게 경제적으로 나누는 삶을 살라고 가르치며 격려하는가?

2. 이러한 경제적인 문제들이 반드시 교회의 일이 되어야 하는가?

3. '참 믿음'이라는 것이 아낌없이 나눠주는 관대함에 의해 측정될 수 있다고 믿는가?

3. 평화주의

예수를 따르는 사람들은 세상에서 살아야만 한다. 그러나 세상에 존재하는 악에 대해서는 어떻게 해야 하는가? 아나뱁티스트들이 이 질문에 대해 모두 일치하는 답을 내리기까지는 아주 고통스러운 배움과 선별의 과정을 겪어야만 했다.

평화의 뿌리들

복음과 이 복음을 믿는 신자들은 검에 의해서 보호를 받지도 그들 스스로를 보호하지도 않는다.　　　　　콘라드 그레벨

아나뱁티스트 운동 초기부터 예수의 발자취를 따르는 것에 대한 분명한 지침으로 예수의 제자들은 예수와 함께 고통을 받아야 하며, 폭력을 통해 다른 사람들에게 고통을 주어서는 안 된다고 확신한 아나뱁티스트들이 있었다. 아주 초기의 아나뱁티스트들 중에서 그리고 그 이후에 생겨난 모든 그룹들에게 있어서, '검을 취하는 것' 은 그리스도인에게 절대로 용납될 수 없다고 확신하는 형제자매들이 있었다.

종말론적 예언의 도전

그러나 초기에는 자신들이 종말의 시대에 살고 있고, 예수께서 몇 달 후에 혹은 몇 년 후에 다시 오실 것이라고 믿었던 아나뱁티스트들이 있었다. 이들 아나뱁티스트들은 하나님의 이름으로 오른쪽 뺨을 치거든 다른 쪽 뺨도 돌려 대는 시대는 이미 지나갔다고 예언하던 사람들이었다. 종말이 도래하였다. 따라서 하나님의 선택된 사람들에게 새로운 하늘의 뜻과 새로운 계시와, 새로운 임무가 주어졌다. 선택된 사람들은 도래하는 새 예루살렘을 준비하기 위해 이 마지막 때에 검을 취해야만 한다고 믿었다.

주께서 원하시는 것은… 이 마지막 시기에 우리 모든 그리스도인들이 검을 들고 세속적인 힘에 대항하여 싸우기를 허락하셨을 뿐 아니라, 전 세계의 모든 악과 부정의 세력에 대하여 복수하도록 그의 백성들에게 칼을 쥐어 주셨다.… 때가 가까이 왔다.
　　　　　　　　　　　　　버나드 로스맨(Bernhard Rothmann)

아나뱁티스트들의 도시 뮌스터에서

불행히도 이러한 예언들은 아주 비극적인 거짓 예언으로 드러났다. 그러나 많은 아나뱁티스트들이 예수 그리스도의 재림을 준비하기 위해 자신들이 하나님의 뜻을 수행하고 있다고 생각하면서 칼에 의해 죽었다. 역사상 가장 극적이고 끔찍한 사건이 '아나뱁티스트의 도시'라 불리는 북부 독일의 뮌스터Münster에서 발발했다. 이 도시는 무장된 아나뱁티스트들에 의해 점령되었고, 거의 1년 반 동안이나 유지되었다.1534~1535

고통스러운 교훈

비록 엘리야가 왔다고 해도 그는 그리스도와 그 제자들이 가르치신 가르침과 기초에 반대해서 가르치지는 않았을 것이다.

메노 시몬스

뮌스터 사건은 비극이었고 아주 끔찍한 참사였다. 그러나 결국 이 사건은 아나뱁티스트들에게 폭력에 대한 의문을 완전히 해결해 주었다. 뮌스터 사건 이후로 아나뱁티스트들은 제자도에 있어서 그리스도의 말씀과 모범이 최종적인 답이며, 그 말씀과 모범을 그리스도께서 스스로 취소하시지 않는 한 결코 무시될 수 없다고 일치를 보게 되었다. 하나님의 뜻을 알아내는 절대 확실한 안내서는 예수 그리스도이다. 하나님의 뜻을 알기 위한 이 그리스도 중심의 분별 원리가 받아들여지자, 아나뱁티스트들에게 있어 예수 그리스도의 제자들은 무조건적으로 검의 사용은 피해야만 한다는 사실이 아주 분명한 입장이 되었다. 이와 같은 입장은 다음 설명에서 자세히 알 수 있다.

> 무엇보다도, "내 뜻대로 마옵시고 아버지의 뜻대로 하옵소서!" 기도하셨던 그리스도, 십자가에 달려 돌아가셨던 예수 그리스도 자신께서 모범이 되셨기 때문이다. 만약 가이사에게 저항해야만 하는 비슷한 선택이 주어진다면, 예수의 제자들은 그리스도께서 하셨던 것과 같이 했을 것이다. 즉 저항하기보다는 대신에 죽음을 선택했을 것이다.

> 두 번째로, 여기에는 그리스도께서 주신, 폭력을 금지하고 원수까지도 사랑하라는 명확한 성경적 명령이 있기 때문이다.

> 마지막으로, 폭력에 참여하게 되면 신자들은 매일의 삶에서 하나님의 사랑을 드러내도록 그리스도의 영에 의해서 살아야 한다는 전인적인 영적 삶의 원리에 배치되기 때문이다. 그

리스도인들은 철과 쇠로 만든 무기가 아닌, 영적인 무기를 사용해야 한다.

1540년, 아나뱁티스트들은 중생하여 세례를 받은 그리스도인은 폭력에 참여하는 것을 거절할 것이라는 폭넓은 일치를 보였다. 그러나 어떻게 평화주의 그리스도인이 악하고 폭력이 난무하는 세상에 적절히 대응할 것인가 하는 방법에 관한 끊임없는 질문이 남아 있다.

안으로 성령과 불의 세례를 받고, 밖으로 주의 말씀을 따라 물의 세례를 받은 사람들은 인내, 희망, 침묵, 그리고 하나님의 말씀 외에는 어떠한 무기도 가져서는 안 된다.

메노 시몬스

무저항

또 눈은 눈으로, 이는 이로 갚으라 하였다는 것을 너희가 들었으나, 나는 너희에게 이르노니 악한 자를 대적치 말라.

마태복음 5:38, 39

대다수의 아나뱁티스트들은 마태복음 5:39의 말씀인 악한 자를 대적치 말라는 예수의 가르침을 따른다. 그들은 이 말씀을 세상으로부터 분리되라, 그러면 그 통치와 상관이 없을 것이라는 의미로 이해하지 않는다.

이 무저항의 아나뱁티스트들은 무정부주의자들이 아니다. 그들은 아주 다른 종류의 분리주의자들이다. 그들은 하나님께서 세상의 질서를 유지하도록 정부를 제정하셨다고 믿는다.롬 13 그러나 그리스도인들은 그리스도의 완전함을 따라 살아야 하며, 세상 사람들을 위한 통치를 떠나 살아야 한다고 믿고 있다. 정부는 그리스도교적이지 않다. 그러나 그들은 필요하고, 그들이 하나님의 말씀에 대적하는 명령을 하지 않는 한 그 권위에 복종해야 한다.

무저항주의를 취하는 아나뱁티스트들에게 예수를 따르는 사람들은 세상과 분리되며 그것을 떠나야 한다는 것이 분명해진다. 그리스도인들은 하늘나라의 전초 기지를 이 땅 위에 세우도록 부름 받았다. 그들은 이러한 공동체에서 예수의 제자로, 예수의 길을 따르는 자들로 살아가기를 희망하지만, 영원을 위해서라면 이 땅에서 고통을 받을 수 있다고 생각하는 것이다.

정부의 권위는 그리스도 안에 있는 것이 아니라 그리스도를 떠나서 존재하는 것이다. 　　　　　　　피터 리드만

비폭력

악에게 지지 말고 선으로 악을 이기라. 　　　　　로마서 12:21

평화주의 아나뱁티스트들 중에는 교회가 세상으로부터 분리되어야 하는 것이 그렇게 결정적인 내용은 아니라고 생각하는 소수의 사람들도 있었다. 필그람 마펙은 비폭력을 지지하는 명확한 태도를 보였다. 그러나 그는 교회가 하나님 사랑의 전초 기지로서 하나님 사랑의 빛을 세상에 비추는 선교의 차원을 더욱 깊게 생각했다. 이것은 미묘하지만 그 강조점에 있어서 아주 중요한 변화이다.

필그람 마펙의 해석에 따르면, 예수를 따르는 사람들은 마치 순수한 성을 방어하려고 하는 것인 양 그들 자신을 세상으로부터 분리해서는 안 된다. 오히려 그들은 하나님의 사랑을 세상에 보여주기 위해 문과 창문을 열어놓아야만 하고, 믿지 않는 사람들이 들어오도록 그들을 초청을 해야 한다.

그리스도는 폭력과 저항을 금지하시고 그 성령을 소유한 그
의 자녀들에게 신약에 나타나 있는 바대로 그들의 원수들과,
핍박하는 자들과, 적대자들을 사랑하며, 축복하라고, 그리고
인내로 그들을 이기라고 명령하십니다.　　　　　필그람 마펙

그러나 필그람 마펙의 이러한 교회에 대한 적극적인 비전은 16
세기 당시 소수에 불과했다. 당시 대부분의 아나뱁티스트 신자들은
대부분이 아주 혹독한 박해를 견뎌왔기 때문에 교회는 인간적으로
가능한 한 세상으로부터 분리되어야 한다고 확신하였다. 그 결과는
골칫거리들을 피해서 사는 분리주의자들, 내면을 중시하는 자들, 그
리고 아주 조용한 교회의 전통을 낳게 하였다.

제자도

마침내 폭력에 대한 어려운 논쟁이 예수의 모범이라는 내용과
함께 제자도의 원리에 따라 정리되었다. 중생한 제자들은 예수를 따
르게 될 것이다. 그들은 진리를 증거하며, 진리로 살게 될 것이다. 그
들은 세상적인 물질을 요구할 권리를 포기하고, 그들은 악을 악으로
갚지 아니하고, 선으로 악을 갚게 될 것이다.

이러한 모든 방법들은 아나뱁티스트들의 전인적인 영성과 영적인 삶의 총체이며, 매일의 삶에서 살아 계신 성령 하나님을 드러내며 살고자 하는 삶이다.

토론을 위한 질문

1. 당신이 속한 교회 공동체에서는 평화의 원리를 어떻게 가르치며, 또 어떻게 모범을 보이고 있는가?

2. 폭력에 의해 희생된 희생자들을 당신의 교회 공동체와 교회의 지체들은 어떻게 대하는가?

3. 당신의 교회 공동체는 더 넓은 세상에서 분쟁이 발생할 때 관심을 다른 곳으로 돌리는 편인가? 아니면 교회 밖의 평화를 위해 더욱 적극적인 역할을 감당하는 편인가?

4. 당신의 경험에 비춰볼 때, 당신의 교회는 평화에 대하여 주로 어떻게 가르치는가?
a-성경적 원리에 의한 복종을 근간으로 가르친다.
b-영적인 거듭남에 뿌리를 두고 영적 원리에 의해 가르친다.

5. 한 가정에 분쟁이 있다면 그리스도의 제자는 이에 대해서 어떤 방식으로 평화를 적용하도록 가르쳐야 하는가?

제4장_ 결 론

지금까지 우리는 아나뱁티스트의 가르침, 교회의 예식들, 일상생활에서의 삶 등에 대한 핵심적인 내용들을 간단히 살펴보았다. 비록 아나뱁티스트의 길이 정통적이고, 일반적으로 개신교의 길을 따르고 있기는 하지만, 이와 동시에 이들이 부인할 수 없는 독특한 해석을 따르고 있음 또한 틀림이 없다.

이 신실한 증인들의 증거로부터 우리는 많은 것을 배울 수 있고 또 배워야만 한다. 그런데도 불구하고, 씨앗 하나로서는 그렇게 홀로 서서 하나님이 경영하시는 포도원 전체를 채울 수 없다. 한 종류의 포도가 단맛에서 떫은 맛, 붉은 포도주에서 백포도주에 이르기까지 온갖 종류의 포도주를 만들어낼 수는 없는 것이다.

이제 우리는 아나뱁티스트 신앙의 씨앗과 열매를 하나님이 경영하시는 포도원이라는 큰 맥락에서 바라보며 이 글을 맺고자 한다. 좁은 시각보다는 세상에서 역사하시는 하나님의 일이라는 좀 더 넓은 시각으로 볼 것을 제안한다.

하나님께서 경영하시는 포도원의 모든 곳에서 얻는 풍부한 수확

16세기에 사람들이 널리 믿고 있었던 한 가지 진리가 있었다. 그것은 오직 하나의 그리스도교 전통 안에서 모든 것이 통합되어야 한다는 것이었다. 우리는 지금 모든 그리스도인 전통들에 의해 공통적으로 전해 내려왔거나 보존된 다양한 은사들과 유산들을 높이 평가하며 이들로부터 많은 것을 배우고 있다. 아나뱁티스트와 관련된 신자들에게는 이러한 공통의 토론에 기여할 많은 중요한 것들이 있으며, 그러나 한편 배워야 할 것들 또한 있다.

신학적 고찰가르침들

그리스도교 신앙에 대한 진리를 생각하는 것과 이들 진리들을 잘 정리하고 설명하는 것은 처음부터 그리스도교 전통을 깊게 하고, 우리 자신들을 풍성하게 해왔다. 아나뱁티스트들은 가르침 문제에 있어서 독창적인 역할을 수행해 내는 부르심을 느끼지는 못했다. 그들은 공동의 신앙고백서들을 단순히 반복하여 고백하는 것을 좋아했다. 그리 놀랄 것은 아니지만, 아나뱁티스트 신앙의 씨앗이 지니고 있는 '비신학적인' 본질은 나름대로 독특한 '비신학적인' 맛의 열매와 포도주를 나타낸다.

우리는 이러한 신학적 고찰을 계속하는 일이 하나님이 경영하시는 포도원의 다른 부분을 경작하는 것이라 생각하며 이에 감사한다. 아나뱁티스트 교회들이 공통적인 믿음과 진리에 대해 다른 그리스도교 전통들이 진행해온 신학적 대화와 고찰들에서 배워야 할 것들이 많이 있다.

종교 의식과 상징적 언어교회 예식들

아나뱁티스트들은 교회의 규례를 정하는 데 있어서 오로지 성경에서 명료하게 다룬 것에 대해서만 인정했다. 그러나 이것은 그 당시 1500년 동안 지속되어온 기존 교회의 예식과 상징적 언어들을 대폭 간소화시키는 것을 의미했다. 아나뱁티스트의 전통으로 간소하게 자리 잡은 '예배 순서'는 세례와 권징, 주의 만찬, 발 씻김 등을 근간으로 발전했다.

하나님께서 경영하시는 포도원의 다른 지역, 즉 예배 의식을 강조하는 다른 그리스도교 전통들은 일상에서 잘 사용하지 않는 문장과 어휘로 영적인 언어들을 발전시켜야 한다는 입장을 지켜왔다. 이러한 전통들은 그리스도교 신자이며 인간인 우리들로 하여금, 그리스도교의 예식과 상징적 예배 행위의 아름다움을 통해, 우리 자신 너머에 계신 더욱 지고하신 능력이시며 실존이신 하나님을 바라볼 수 있도록 심오한 진리를 전달하고자 했다.

아나뱁티스트 교회들은 이러한 예전, 상징, 미, 그리고 건축 공간으로부터 오는 영적 능력을 올바르게 평가한 그리스도교의 경험과 이어져온 전통으로부터 많은 좋은 것들을 배울 수 있다.

실제적 영성제자도

아나뱁티스트 신앙의 씨앗은 '신학' 또는 '예전'이라는 상표의 포도주를 생산하지 않았다. 그러나 그 씨앗은 우리가 실제적 영성이라 부를 수 있는 아주 강하고 독특한 포도주를 생산해냈다. 이 아나뱁티스트의 전통은 신실한 삶이 무엇인가 하는 주제들에 대하여 더 많은 생각을 하며 분투하고 있다. 이것이 바로 아나뱁티스트의 전통이 그리스도교라는 공동의 식탁에 드리는 특별한 포도주이다.

아나뱁티스트들이 이해하는 실제적 그리스도인 영성은 성령에 의한 내면적 삶과 세상에서 겪는 외부적인 삶 사이의 미묘한 균형과 밀접한 관련이 있다.

- 그리스도인은 성령 세례와 이에 따르는 물세례 그리고 순종하는 삶에 의해 하나가 된다.
- 제자도의 삶은 하나님의 뜻을 분변하는 데에 있어 성령과 성

경 말씀의 균형을 이룬다.

- 제자도는 하나님의 선물인 은혜와 인간의 노력이 균형을 이루어야만 한다.
- 제자도는 새롭게 하시는 하나님의 성령과 제자들의 자유의 지적 복종과의 균형을 이루어야만 한다.
- 제자도는 헌신에 대한 개인의 내적 확신과 공동체에 대한 헌신과 복종이 균형을 이루어야 한다.

한 방향 또는 다른 방향에 균형을 잃은 결과들은 16세기 아나뱁티스트들에게서 이미 명백하게 드러났다. 성령, 은혜, 그리고 내면의 생활만을 너무 강조했을 때, 이것은 이 세상에서 능동적인 제자도를 부인하는 결과를 초래하였다. 그리고 성경의 문자적 단어, 복종, 공동체 그리고 외부의 생활만을 지나치게 강조했을 때, 이것은 살아계신 성령을 고갈시키는 형식주의의 결과를 초래하였다.

균형잡기

삶에서 완전한 균형을 이룬 단 한 사람이 있는데, 그는 하나님의 아들이었다. 예수를 따르는 사람들로서 우리는 세계에 널리 퍼져 있는 신앙 공동체들을 볼 수 있어야 하며 또 보아야만 하는 통찰력을 가져야 하는데, 우리의 전통은 특히 실제적인 영성의 문제에 초점을 맞추어 왔다.

오순절(Pentecostal)과 카리스마적(Charismatic) 전통은 그리스도인이 되는 것이 단순히 역사적 사건들에 대한 진리를 지식적으로 확언하는 것 그 이상을 의미한다는 근본적인 진리를 제시하였다. 그리스도인이 된다는 것은 살아 계신 하나님, 창조적 능력의 하나님께로 가까이 가며, 그에게로 자라가고 그와 영적인 관계를 갖는 것을 의미한다.

아나뱁티스트 전통에서 끊임없는 도전은 공동체 내에서 복종과 제자도를 강조하는 것이다. 이것은 마치 구원이 특별한 규칙에 복종하는 것에 의해 정해지듯이, 때때로 복종 그 자체가 목적으로 간주되는 시험이기도 하다. 우리가 오순절 교회와 성경의 은사를 받은 그리스도인들에게서 배울 수 있는 것은, 교회의 규칙과 질서에 복종하는 것이 영적으로 건강한 삶을 일궈내고 양육하는 것을 대신할 수 없다는 점이다.

개신교의 전통이 끊임없이 주장하는 바는 구원이 이를 이루기 위한 노력의 대가에서 오는 것이 아니라, 하나님의 자비로운 보좌로부터 흘러나온다는 것이다. 아나뱁티스트들은 하나님이 선물로 주시는 구원과, 하나님의 은혜에 대한 반응으로서의 복종하는 삶, 이 두 가지 사이에서 조심스럽게 균형을 세우기를 원하고 있다.

몇몇 사례를 볼 때, 아나뱁티스트의 저울추는 '행위'와 지나치게 중시된 제자도의 일, 이 둘 사이에서 흔들리고 있었다. 그 당시 마틴 루터의 통찰은 아주 유익한 교정안을 제공하였다. 최종적인 분석에 의하면, 제자도와 복종 또한 은혜의 선물들이라는 것이다.

아나뱁티스트의 전통들은 복종의 삶과 제자도가 분리되는 구원과 영적 삶을 거부하였다. 이 두 가지는 서로 깊은 관련을 맺고 있다. 이것이 우리가 주님과 우리의 부모들에게서 물려받은 특별한 씨앗이자 열매이며 그리고 포도주이다.

그런데도 불구하고 아나뱁티스트 전통의 어떤 부분에는 순종과 제자도가 선택적이고 이차적이며 사실상 중심이 아닌 것으로 여기는 믿음 생활이 영적 생활인 것처럼 해석하려는 유혹이 있다. 바로 이러한 때, 이러한 곳들에서, 그리스도의 사랑을 뚜렷하게 보이도록 함으로써 영적인 삶은 성육화된 제자도의 삶이어야 한다는 아나뱁티스트들의 통찰력을 다시 고찰해볼 가치가 있는 것이다.

토론을 위한 질문

1. 은혜와 복종 사이의 균형을 유지한다는 것이 당신에게도 진실하게 들리는가? 만약 그렇다면, 당신과 당신이 속한 교회 공동체가 어떻게 이 균형을 유지할 수 있겠는가?

2. 우리들 신앙에 대한 가르침을 심사숙고하는 것이 중요한 신앙 활동이라는 데 동의하는가? 그렇다면 교회 공동체 안에서 이 신학적 고찰이 어떻게 일어날 수 있겠는가?

3. 상징적이고 예전적인 행동이 그리스도인의 믿음에 있어 진리를 교통케 하는 능력이 있다는 것을 믿는가? 그렇다면 믿음의 상징적 언어가 당신이 속한 교회 공동체를 격려하고 양육하는 데 어떠한 방법들이 있는지 논의해 보자.

4. 당신이 속한 교회 공동체는 영적인 삶을 어떻게 격려하고 양육하는가?

5. 당신이 속한 교회 공동체는 어떻게 이 세상에서 적극적인 제자도의 삶을 살도록 돕고 있는가?

6. 끝으로, 우리가 처한 시간과 장소를 고려할 때, 아나뱁티스트 신앙의 씨앗으로부터 자라나는 교회가 된다는 것이 무슨 의미인가?

이 질문에 대한 답은 새천년을 시작하는 이때에 하나님의 뜻을 함께 알아가는 것으로써 하나님이 경영하시는 포도원 구석구석의 부분인, 즉 세계 도처에 있는 우리의 교회로부터 찾아야만 한다. 하나님의 은혜가 자유로이 흘러넘쳐 풍성한 열매를 맺기를 기원한다.

초기의 아나뱁티스트 지도자들

한스 뎅크 Hans Denck, 1500~1527

한스 뎅크는 최초로 남부 독일의 아나뱁티즘을 이끈 아주 매력적인 지도자 중 한 사람이었다. 그의 신비롭고 인간적인 성향은 루터의 가르침과 잘 어울리지 못했다. 그런 까닭에 그는 뉘른베르크에 있는 유명한 성 제발트St. Sebald 학교 교장으로 있는 동안에 '오직 믿음으로'를 주창했던 루터의 가르침을 신랄하게 비판하여 자신의 사상을 발전시켰다. 그는 1526년 5월 아우크스부르크로 가서 후프마이어와 협력했고, 프로테스탄트 당국에 의해 추방되어 스트라스부르에서 잠시 머무는 동안에는 보름스와 아우크스부르크 지역의 아나뱁티스트 지도자로 활동했다. 보름스에서 그는 구약의 예언서를 완역하는 일을 도왔다. 1527년 11월 전염병으로 사망했다.

뎅크는 당시 혹독하고 증오스러울 만큼 맹렬한 논쟁에 휩쓸리기도 했다. 그의 저술은 영혼에 평화를 가져다주는 것으로 정평이 나 있다.

콘라드 그레벨 Conrad Grebel, 1498~1526

콘라드 그레벨은 스위스 아나뱁티즘을 시작한 주요 인물이었다. 그는 귀족으로 태어나 사회적인 지위와 교육의 기회를 한껏 누리며 살았다. 그는 파리, 바젤, 빈에서 대학교를 다녔지만, 학교를 마치지는 못했다. 라틴어와 그리스어 실력이 상당히 유창했고, 당시 유명한 인문주의에 상당한 영향을 받았다.

1522년 그는 열정적이고 활달한 그리스도인으로서 츠빙글리를 지지했고, 그에게서 상당히 많은 것을 배웠다. 그는 제대로 된 개혁을 위해 변화가 필요하다는 입장 아래 츠빙글리에게 더 큰 열망을 갖도록 압박했고, 츠빙글리는 젊은 동료들을 말리기에 역부족이 되었다. 그레벨은 십일조 제도와 츠빙글리 계파에 속하여 교회의 성상을 사용하는 문제를 신랄하게 비판했으나, 시의회는 이들의 급진적인 행동을 준엄하게 질책했다. 1522년 초, 그는 자신보다 신분이 낮은 소녀와 결혼하는 문제로 부모와 연을 끊었다.

1523년 그레벨과 그의 추종자들, 그리고 츠빙글리는 기본적인 의견 차이, 특별히 시의회 대 교회의 역할에 관해 격론을 벌였다. 그레벨은 참으로 헌신된 신자들의 교회가 시의회의 압력과 구속에서 벗어나 자유하기 원했다. 그러나 그 차이로 인한 골이 이미 너무 깊어져서 화해가 불가능하게 되었다.

1525년에 그레벨과 그의 추종자들은 성서 공부와 기도를 위한 모임을 만들었고, 이 성서 공부 모임에서 1524년 9월 토마스 뮌처에게 보내는 편지에서 설명했던 새로운 교회를 구상하게 되었다. 이 모임에서 그들은 루터에 대해 아주 비판적인 뮌처의 책들을 읽었다. 그들은 정부의 후원을 받는 개혁가들을 반대하고 있는 뮌처에게서 일종의 개연성을 얻게 되었다. 실제로 그들은 뮌처에 대해 잘 알지는 못했지만, 자신들의 생각과 비슷하고 희망적인 지지자를 찾고 있던 터였다.

그레벨은 1525년 1월에 이 작은 성서 공부 모임을 기반으로 신약 성서를 모델로 하는 철저히 개혁된 교회에 대한 비전을 더 발전시켰고, 그 결과가 어떠했는지는 이 책에 설명되어 있다. 그레벨은 취리히 주변과 인근 도시들에서 성공적으로 개혁을 진행해 나갔다. 그는 1526년 마이엔펠트로 추방되어 그곳에서 병사했다.

그는 매우 충동적이었고 참을성이 없었으며, 때때로 주변 사람들을 제대로 배려하지 않았다. 그러나 그는 진지하고 헌신된 그리스도의 제자였으며, 가톨릭과 프로테스탄트를 넘어선 새로운 기독교를 시작한 사람이었다. 그는 자신의 비전을 위해서라면 그 어떤 대가라도 치를 준비가 되어 있었다. 그의 후손들은 여러 세기가 지난 지금도 취리히에서 지도자로 일하고 있다.

발타자르 후프마이어 Balthasar Hubmaier, 1480~1528

발타자르 후프마이어는 탁월한 아나뱁티스트 신학자였다. 그는 바이에른에서 태어나 1515년 잉골슈타트에서 공부하여 신학 박사가 되었다. 얼마 후 그는 레겐스부르크 성당의 유명한 설교가가 되었다.

1521년 후프마이어는 취리히 북쪽에 있는 발츠후트의 작은 도시 합스부르크에서 목사가 되었고, 이듬해에 자신의 추종자들과 함께 츠빙글리가 주창하는 개혁을 시도했다. 후프마이어를 따라 1525년 초 취리히에서 시작된 아나뱁티즘에 참여한 사람들은 합스부르크 군대에게 진멸되었다. 후프마이어는 취리히로 도망했으나 잡혀서 투옥되었고, 모진 고문과 더불어 신앙을 포기하라는 강요를 당했다. 그는 용케 모라비아로 피신했고, 니콜스부르크에 있는 큰 아나뱁티스트 교회의 지도자가 되었다. 이 교회는 일종의 국가 교회에 해당하는 교회였다. 후프마이어는 국가와 비폭력에 관해서 그레벨과 다른 아나뱁티스트들과 한 번도 의견이 일치한 적이 없었다. 그가 세례와 교회의 질서에 대해 쓴 인상적인 글들은 대부분 니콜스부르크 시절에 쓴 것이다. 1528년 리히텐슈타인의 영주들이 더 이상 그를 보호하지 않게 되면서 그는 합스부르크의 영주들 손으로 넘겨졌다. 그는 빈에서 화형을 당했고, 그의 신실한 아내는 다뉴브 강에 수장되었다. 후프마이어 는 "진리는 불멸한다."라는 말을 즐겨 사용했다.

한스 후트 Hans Hut, ?1485~1527

한스 후트는 남부 유럽의 유능한 아나뱁티스트 전도사로, 다른 지도자들 전 체가 인도한 사람들 수보다 더 많은 사람들을 혼자 회심시켰다. 그는 오스트리아 와 모라비아에 존재했던 거의 모든 아나뱁티스트 그룹을 시작한 사람이다.

무역업을 경영하는 제본업자이자 도서판매상이었던 후트는 여행을 하면서 1520년대의 종교적 격동에 대해 지적으로 이미 친숙해져 있었다. 그는 토마스 뮌처를 칭송하며 그와 관련된 책을 출판하기도 했다. 1526년 그 는 한스 뎅크에게 세례를 받은 후 아우크스부르크로 갔다. 그 후 18개월 동안 그는 설득력 있는 순례 전도사로 활동하면서 많은 사람들을 그리스 도의 십자가 앞으로 이끌었으며, 많은 재능 있는 지도자들을 아나뱁티즘 으로 인도했다. 뮌처의 강력한 영향력 아래에서 후트의 신학은 신비적인 모습을 띠게 되었고, 후에 후터라이트 공동체에 영향을 주었다.

그는 1527년 아우크스부르크에서 체포되어 투옥되었으며, 감옥의 화재로 목숨을 잃었다. 그는 파란 만장한 인생을 살았던 초기 아나뱁티즘 지도자들 중 한 사람이었다.

펠릭스 만츠 Felix Manz, 1498~1527

펠릭스 만츠는 스위스 아나뱁티스트 창시자의 일원이었다. 그는 라틴어, 그 리스어, 히브리어에 능통했으며, 1520년대 초반 츠빙글리의 성서 공부 모임에

정기적으로 참석했다. 만츠의 어머니 집에서 아나뱁티스트 교제가 처음으로 시작되었다. 만츠는 취리히에서 2년 동안 복음을 전하다가 투옥되기도 했다. 1527년 1월 5일 그는 아나뱁티스트로서 '정부를 상대로 반란과 선동'을 일으켰다는 죄목으로 사형을 언도받았다. 그가 주장해 왔던 세례를 제대로 시행한다는 섬뜩한 의미로 수장형이 집행되었다.

필그람 마펙 Pilgram Marpeck, ?1495~1556

필그람 마펙은 콘라드 그레벨과 메노 시몬스와 더불어 기억해야 할 중요한 아나뱁티스트 지도자였다. 그는 티롤에서 태어나 토목기사가 되었다. 그의 일가는 라텐베르크에서 잘 알려진 가문이었고, 마펙 자신도 광산업과 관련 있는 직위에서 일했다. 1528년 초, 마펙은 인스브루크 당국이 아나뱁티스트 활동을 조사하라는 명령을 거부했다는 이유로 해임되었다. 마펙이 스스로 아나뱁티스트임을 밝히고 라텐베르크를 떠날 때, 재산을 몰수당했다.

그는 아내와 함께 스트라스부르로 이주했고, 벌목한 목재를 강에 띄워 슈바르츠발트에서 스트라스부르까지 운송하는 작업을 담당하는 시 공무원으로 일했다. 한편 그는 이 지역에서 유능한 웅변가이자 신망받는 아나뱁티스트 지도자로 알려지게 되었다. 유아 세례와 교회를 후원하는 교회에 대한 마펙의 해박한 비평은 즉시 스트라스부르의 개혁가인 마르틴 부처와의 문제를 일으켜 마펙은 그 도시를 떠나야만 했다.

1532년부터 1544년까지 그의 행적은 알려지지 않았으며, 1544년 아우크스부르크에 정착하여 시 공무원으로 일했다. 이곳에서 그는 알자스에서 모라비아에 이르는 남부 독일의 교회 지도자가 되었다. 그는 자신이 섬기던 교회에 수많은 편지를 보냈으며, 스트라스부르에서 만났던 기독교 평신도 카스파르 슈벵크펠트Caspar Schwenckfeld와 긴 논쟁을 벌이기도 했다. 그들이 주고받은 주된 논쟁은 성서, 세례, 주의 만찬을 비롯하여 인간 예수에 이르기까지 보이는 것과의 관계는 물론 보이지 않는 하나님에 이르기까지 다양했다. 마펙은 사람은 보이는 것을 통해서만 보이지 않는 것을 이해할 수 있다고 주장했다. 슈벵크펠트는 이를 부정하면서 하나님께서는 자신을 보이는 것 없이도 드러내시는 분이라고 주장했다.

마펙은 자신이 갖고 있는 핵심 근거로 그리스도의 인간성에 집중함과 동시에 기독교 신앙과 관련된 기본적인 주제들을 이해함으로써 자신의 길을 발견한 유능한 신학자였다. 장황하고 반복되는 면이 없지 않으나, 기독교 신앙의 여러 문제들을 명확하게 설명한 창의적인 저술들을 남겼다. 그는 1556년 사망할 때까지 아우크스부르크에서 교회 지도자로, 시 공무원으로 일했다.

페테르 리데만 Peter Riedemann, 1506~1556

페테르 리데만은 후터라이트 목사, 감독, 선교사이자 탁월한 저술가였다. 그는 9년을 감옥에서 보내면서 세례, 주의 만찬, 교회, 물질 나눔 공동체에 대해 분명하고 설득력 있으면서도 영적인 내용을 확립했다. 남아 있는 그의 많은 편지들은 그가 박해받던 그리스도인들에게 얼마나 탁월한 목사였는지를 잘 드러내 주고 있다. 1542년부터 그는 모라비아 지역 후터라이트의 주요 지도자였다.

미카엘 자틀러 Michael Sattler, ?1490~1527

미카엘 자틀러는 호르프 주변, 슈바르츠발트 지역에서 활동한 스위스 형제단의 중요한 지도자이자 전도사였다. 그는 프라이부르크에 있던 베네딕트 수도원 원장이었으나, 농민혁명의 영향 아래 수도원을 떠나 1526년 말 할라우 주변에서 아나뱁티스트가 되었다. 그는 1527년 슐라이트하임에서 열린 아나뱁티스트 비밀 회합을 주관했고, 아나뱁티스트 역사 최초의 고백서로 알려진 슐라이트

하임 고백서를 입안했다. 이 고백서는 주로 제자도, 새로운 공동체의 생활과 질서에 대한 질문들을 다루고 있다.

이 회합이 있은 지 얼마 되지 않아 그는 함께 회의에 참여했던 다른 동료들과 함께 체포되어 로텐부르크에서 재판을 받게 되었다. 그의 재판과 사형은 아나뱁티스트 순교자들 중 가장 유명한 사건으로 기록되어 있다. 기록에 따르면 그는 높은 학식과 겸손한 비폭력 그리스도인이었다. 특별히 그에 대한 고발의 내용 중에는 다음과 같은 내용이 들어 있었다. 만약 그리스도인으로서 무기를 소지할 수 있다면 그는 오스만튀르크족을 상대하기보다는 그리스도인들을 상대해서 싸우겠다고 진술했는데, 왜냐하면 오스만튀르크족은 폭력의 사용에서 정직한데, 그리스도인들은 싸우면서 그들이 고백한 그리스도를 부인하고 있기 때문이었다. 오스만튀르크족들은 그 시대의 '공산주의자들' 이었고, 이러한 진술은 재판에서 선동죄의 분명한 증거가 되었다.

그의 처형 방식은 극히 잔인했지만, 이전에 수사였던 그는 불에 타서 죽을 때까지 자세를 흐트러뜨리지 않았다. 스트라스부르의 개혁가인 마르틴 부처는 그에 대해 "로텐부르크에서 화형당한 미카엘 자틀러는 아나뱁티스트 지도자였지만 하나님의 진실한 친구였다는 사실은 의심할 여지가 없다."라는 말을 남겼다.

레오폴트 샤른슐라거 Leopold Scharnschlager, ?~1563

레오폴트 샤른슐라거는 1530년 이래로 줄곧 필그람 마펙의 고향 친구이자 가까운 동료였다. 그는 마펙이 카스파르 슈벵크펠트를 상대로 쓴 긴 작품을 쓰는 일에도 동참했다. 그의 개인적인 저술 중에 1534년 스트라스부르 시의회에 관용을 요청하는, 탁월하고 정통적이면서 감동적인 탄원서가 잘 알려져 있다. 이 글은 발타자르 후프마이어와 세바스티앙 카스텔리오가 종교적 자유를 호소한 글에 필적할 만하다. 그는 그라우뷘덴에서 오랫동안 교장으로 일하다가 1563년에 사망했다.

메노 시몬스 Menno Simons, 1496~1561

메노 시몬스는 16세기 네덜란드에서 가장 중요한 아나뱁티스트 지도자였다. 그의 이름을 따서 그를 따랐던 사람들을 메노나이트라 부르게 되었다. 그는 아나뱁티즘을 시작한 사람은 아니었으나, 2세대 아나뱁티즘을 통합하고 조직하고 영적인 지침을 마련했다.

1524년 그는 사제 서품을 받았고, 곧바로 몇 교구를 담당했다. 그가 네덜란드의 목회 초기 시절부터 화체설化體說의 기적에 대해 의심을 품게 된 것은 그다지 놀랄 일이 아닌데, 이는 주의 만찬에 대한 상징적인 관점을 변호하는 운동이 몇 년 동안 있었기 때문이다. 그는 이러한 입장에 대해 성서의 확증을 찾은 후, 성서의 권위를 따를 것인지 아니면 교회의 전통을 따를 것인지 선택의 기로에 놓이게 되었다. 몇 년 뒤에 그는 세례를 다시 받았다는 이유로 아나뱁티스트들을 처형하면서 점화된 세례에 대한 논쟁을 겪으면서 비슷한 위기를 맞고 있는 자신을 발견했다. 1531년, 그는 아나뱁티스트의 입장이 맞다는 결론에 이르렀다.

그러나 그는 아나뱁티즘에 가담하지 않았다. 아마도 당시에 이 운동이 점점 더 세상의 종말에 대한 걷잡을 수 없는 소용돌이에 휘말려 들어가기 시작했고, 점차로 폭력을 향하고 있었기 때문이었을 것이다. 그는 1536년에 이르러서야 마침내 가톨릭교회를 떠났다. 그는 행동의 실수가 있기는 했지만 결국 자신들의 신념을 따라 고난과 죽음까지 받아들인 아나뱁티스트들의 용기를 따라 가톨릭을 떠나야 했다고 말했다. 그는 세례를 받자마자 네덜란드를 비롯한 여러 나라에서 아나뱁티스트의 중요한 지도자가 되었다.

그는 뮌스터에서 영광을 기대하다가 절망하게 된 여러 상처받은 심령들과 잘못 인도받은 아나뱁티스트들을 이끌어 훈련받은 공동체를 이루기 시작했다.

그는 현상금이 내걸려 항상 숨어 다녀야 했지만, 말과 글로 사람들에게 설교하고 훈계하고 설득했다. 그의 활동 특성이 어떠했는지는 1544년에 쓴 그의 글에 잘 드러나 있다. "나라 전체를 살펴보아도 나의 불쌍한 아내와 어린아이들이 머물 수 있는 오두막 하나 찾을 수 없었고, 1년, 아니 6개월도 안전하게 보낸 적이 없었다." 그는 자신을 따르는 사람들을 돕기 위해, 자신을 반대하는 프로테스탄트들을 상대로 기독교 신앙과 관련된 다양한 주제에 대해 엄청난 저술을 남겼다.

프로테스탄트와 가톨릭의 박해를 받던 그는 결국 1554년 홀슈타인의 귀족의 영지에 은신처를 마련할 수 있었다. 말년에 그는 자신의 첫사랑이자 위대한 사랑인 그리스도의 교회에 대한 글을 저술하고 출간하는 데 많은 시간을 보냈다. 메노는 위대한 학자는 아니었지만, 그의 저술들은 자신이 소유했던 믿음에 관해 분명하고 강한 어조로 기록되어 있다. 후프마이어와 마펙이 그보다 훌륭한 신학자였지만 점도 없고 흠도 없는 교회를 위해 수고를 아끼지 않았다는 점에서는 그 누구도 메노를 능가하지 못했다.

울리히 스태들러 Ulrich Stadler, ?~1540

울리히 스태들러는 위대한 후터라이트 지도자였다. 그는 주로 한스 후트의 가르침을 묵상하고, 물질 나눔의 공동체에 대한 전통적인 아나뱁티스트 저작을 통해 내면적 삶과 외현적 삶에 대해 많은 글을 저술했다. 제자도의 삶에 대한 그의 관점은 그 어떤 아나뱁티스트 저자들보다 금욕주의적인 특성이 강하다.